HEYNE BIOGRAPHIEN

Zum Autor

MAX NIEHAUS, der vor wenigen Jahren in München verstorbene deutsche Schriftsteller, war einer der profundesten Kenner der internationalen Ballettszene. In seinen Büchern ›Ballett‹ (1954) und ›Junges Ballett‹ (1957) beschreibt er sachlich die Entwicklungsphasen des modernen Bühnentanzes und die Wandlungen des Balletts unserer Zeit. Seit 1969 gab er den jährlich erscheinenden Ballettkalender heraus.

Max Niehaus

ISADORA DUNCAN

Triumph und Tragik einer legendären Tänzerin

Wilhelm Heyne Verlag
München

HEYNE BIOGRAPHIE
12/172

Genehmigte, ungekürzte Taschenbuchausgabe

Printed in Germany 1988
Umschlagfoto: Archiv für Kunst und Geschichte, Berlin
Satz: VerlagsSatz Kort GmbH, München
Druck und Bindung: RMO, München

ISBN 3-453-03031-1

Inhaltsverzeichnis

Der Pariser Maler Dunoyer de Segonzac:
Isadora Duncan. Ihr Leben, ihre Kunst.

Der Pariser Maler
Dunoyer de Segonzac:
Isadora Duncan. Ihr Leben, ihre Kunst.

Zur Einleitung

Im Mai 1910 habe ich eine der stärksten Erregungen meines Lebens erfahren: ich sah zum ersten Mal die geniale Isadora tanzen. Es wurde eine Offenbarung für mich.

Diese junge Frau von großer plastischer Schönheit hatte die einzigartige Gabe, ganz spontan, inspiriert durch die Werke der größten Komponisten – Mozart, Schubert, Beethoven, Wagner – wunderbare Bewegungen auszuführen.

Abwechselnd heiter, wild, mütterlich oder wollüstig schuf Isadora instinktmäßig eine außergewöhnliche Kunst.

Sie hatte ein innerliches Gefühl für Rhythmus, und ihr besonderes Genie ließ sie selbst in der Ruhestellung ergreifend scheinen: sie war ebenso dynamisch wie statisch.

Sie hat ihre Kunst ganz aus sich heraus geschaffen, ohne irgendeine Nachahmung des Vergangenen.

Wenn sie die griechische Tunika anlegte, so geschah es, um zum Natürlichen und Einfachen zurückzufinden: sie tanzte mit nackten Füßen und wußte ihren Körper von allem künstlichen Beiwerk zu befreien, um dem Tanz seine Feinheit zu erhalten.

Durch ihre Wahrhaftigkeit, durch ihr Lebens- und Menschlichkeitsgefühl revolutionierte ihre Kunst die Welt des Tanzes: sie war unbewußt der Gegensatz des akademischen und konventionellen Tanzes, der die Welt beherrschte, und des ›Manierismus‹, der in der Choreographie herrschte und heute noch herrscht.

Diese Revolution ist leider ohne Nachfolge geblieben: die jungen Schülerinnen um Isadora, die ich sah, vermochten ihr Werk nicht fortzusetzen. Selbst die reizende Kunst von Lisa Duncan war nur eine blasse Beschwörung dessen: ihr fehlte das schöpferische Genie ihrer geistigen Mutter.

Diese einzigartige Dynamik war in einem so riesigen Saal wie dem des Trocadéro geradezu erschütternd: bei 15000 Zuschauern beherrschte die winzige Silhouette der Tänzerin ihr Publikum. Es war vollkommen still, tief erregt, oft seufzend.

Stundenlang herrschte absolutes Schweigen im Saal. Alle folgten erregt einer unmerklichen Bewegung ihrer Hand. Isadora bleibt ein einmaliges Beispiel für die gewaltige Ausstrahlung einer Künstlerin mit geringsten Mitteln.

Diese schöpferische Kraft ist mit ihr erloschen.

Die Flamme könnte nur durch ein neues Genie wieder entfacht werden: die Welt wartet darauf.

Ich habe mich nie geschämt,
verliebt zu sein –
und ich war oft verliebt.
Ich hatte wirklich ein interessantes Leben.

(Isadora, Nizza 1926)

1. Teil

Bewegtes Leben

Mary Dora Gray Duncan
mit ihren Kindern Augustin,
Elizabeth, Raymond und Isadora.
San Francisco 1891

1 »Himmel, das Kind ist wahnsinnig«, schreit Dora Duncan, als ihr Baby gleich nach der Geburt mit Armen und Beinen fürchterlich wild umherstrampelt. Sie schiebt es auf den schweren seelischen Kummer während der Schwangerschaft – ihr Mann ist auf und davon und hat sie mit drei kleinen Kindern ohne einen Pfennig sitzen lassen. Mit Klavierstunden und Handarbeiten muß sie die Familie mühsam durchbringen. Als die kleine Dora Angela im Babykleidchen eben auf dem Tisch stehen kann, fängt sie zum Gaudium der darumstehenden Geschwister sofort an zu tanzen. Später führt sie diese ersten Impulse ihrer kindlichen Bewegungen auf die Nähe des Meeres, auf den Rhythmus seiner Wellen zurück. Die Mutter kann sich um die Erziehung ihrer vier Kinder nur wenig kümmern. Der älteste Bruder Augustin fährt die lebhafte Kleine bisweilen im Kinderwagen durch die Stadt, meist aber vagabundiert er mit seinem fünfjährigen Bruder Raymond umher. Ihnen wie auch den beiden Mädchen Elizabeth und Isadora – wie die Jüngste nun genannt wird – sind Gehorsam und Disziplin fremde Begriffe: »Wir alle waren sehr leicht gereizt und wollten uns nicht unterdrücken lassen.« Als Sechsjährige macht Isadora mit den Kindern der Nachbarschaft gymnastische Übungen. Dann geben die beiden Schwestern diesen schon so etwas wie Tanzunterricht. Isadora folgt von Anfang an ihrer Fantasie und improvisiert, sagt Gedichte auf, bringt den Kindern Bewegungen und Gebärden bei. Longfellows ›I shot an arrow in the air‹ regt sie zu einem ihrer ersten Tänze an. Mit zehn gibt sie auch Erwachsenen Unterricht in Walzer, Mazurka und anderen Gesellschaftstänzen. Die Mutter spielt dazu Klavier. Das ist Isadoras erster Beitrag zum Unterhalt der Familie. Aber immer noch leben sie mehr von Musik und Dichtung als von Brot. – Die Mutter bringt Isadora zu einem Ballettmeister für klassischen Tanz, aber die Bewegungen des

Schultanzes findet sie gezwungen und unnatürlich, den Tanz auf der Spitze geradezu scheußlich. Aus der dritten Stunde reißt sie aus: »Die Steifheit und abgedroschene Gymnastik, die er Tanz nannte, verfolgen mich im Traum.«

Ihre grenzenlose Wißbegier stillt sie mit Büchern. Jede freie Minute liest sie; sie liest wahllos alles in sich hinein, von Shakespeare und Dickens bis zu kitschigen Schundromanen.

Mit elf verliebt sie sich in einen schönen Apotheker: »Es war meine erste Liebe. Ich war toll verliebt und glaube, daß ich seitdem immerfort in einem Liebestaumel war.« Zwei Jahre quält sie sich mit dieser Liebe herum – der Apotheker merkt nichts davon.

Bruder Augustin macht in einem Stall ein Theater auf. Er deklamiert Gedichte, Isadora tanzt, und zu viert spielen die Geschwister ein Theaterstück. Die kleine Truppe macht eine Tournee durch die Orte an der Küste. Aber Isadora genügt das nicht, sie ist ein unruhig vorwärtsdrängender Geist. »Die beherrschende Note meiner Kindheit war der ständige Widerspruch gegen die Engstirnigkeit der Gesellschaft, in der wir lebten, gegen die Einschränkungen des Lebens. Ich hatte ein wachsendes Verlangen, ostwärts zu fliehen in irgendeine mir vorschwebende Freiheit.«

Alle Tage redet sie das der Familie vor, immer mit dem Schluß: »Wir müssen weg von hier, hier kommen wir niemals zu etwas!« Seit ihrem 17. Lebensjahr steht sie im Adreßbuch von San Francisco als ›Teacher of Dancing‹, und auf ihrer Visitenkarte bezeichnet sie sich als ›Professor of Delsarte‹. Sie hat das Ausdruckssystem dieses französischen Gesanglehrers in Büchern über ihn studiert, auch an Kursen oder Vorträgen über sein Mimik- und Pantomimesystem teilgenommen und sich dieses zu eigen gemacht. Delsarte soll ihr erster Besuch nach ihrer

Ankunft in Paris gelten, und sie ist sehr betrübt, als sie hört, daß er schon 30 Jahre tot ist.*

Im Juni 1896 geht Isadora mit ihrer Mutter nach Chicago. Ein kleiner Koffer mit Kleidern, altmodischer Schmuck ihrer Großmutter und 25 Dollar sind ihr ganzes Hab und Gut. Sie macht bei verschiedenen Managern verzweifelte Versuche, mit Mendelssohns ›Frühlingslied‹ aufzutreten: »Wirklich ganz reizend«, heißt es, »aber für die Bühne unbrauchbar.«

Nachdem die Dollar ausgegeben und die ›Juwelen‹ verkauft sind, tritt sie in einem Dachgartenetablissement auf. Sie wird als der Kalifornische Faun vorgestellt. Der Manager will etwas stark Gepfeffertes, und sie tanzt exzentrisch, wie die ›Washington Post‹ verlauten läßt. Drei Wochen hält sie das aus. Sie sieht ihre Ideen vom Tanz durch den Auftritt im Tingel-Tangel entweiht. Lieber tanzt sie im Kreise der Bohemiens, der Künstler, Dichter, Artisten.

In Chicago erscheint damals die avantgardistische Zeitschrift ›Chap-Book‹. Dort arbeitet der von Beardsley beeinflußte Zeichner Bradley. Und eine Loie Fuller, die als erste mit elektrischen Lichteffekten in ihren Tänzen die europäischen Großstädte eroberte, begann hier ihren Erfolg. Die Weltausstellung in Chicago 1893 offenbart den Jugendstil auf allen künstlerischen Gebieten: Architektur, Inneneinrichtung, amerikanische Plakate nach englischem Muster, Grafik, Buchkunst, Vasen und Gefäße

* Das Werk ›Physionomie et Gestes‹ wurde von Giraudet, dem Professor am Pariser Nationalkonservatorium und Schüler Delsartes, und von den Töchtern Delsartes 1895 herausgegeben. Es zeigt in 250 Gravuren die verschiedenen mimischen Kräfte des Auges, des Mundes, der Nase, des Kopfes, der Schultern, des Rumpfes, von Armen, Händen und Beinen in ihren nuancierten Wirkungen. So hat z. B. das Auge allein 9 verschiedene Ausdrucksmöglichkeiten, der Kopf 18 Haltungen, Arme und Beine noch weit mehr. Besonders zahlreich sind die Übungen für die Weichheit der Armbewegungen. Diese Abbildungen zeigen, wieviel Isadora von ihnen für ihren Tanz gelernt hat.

Isadora im Daly Ensemble,
New York 1896/97

des New Yorkers Tiffany, Glaskünste des Franzosen Gallé. Überall fließende Linien bei dekorativer Verwendung pflanzlich-tierischer Formen: Geschlinge von Seerosen, Ringeln von Haarmassen und Locken, von Quallen, Seesternen, Algen, Tintenfischen mit ihren Fangarmen, dazu Wirbel von Wolken und Stoffen.

Isadora beobachtet diese künstlerische Entwicklung mit großer Aufmerksamkeit, läßt sie auf sich einwirken und sucht ihrer tänzerischen Bewegung ähnliche Formen und eine beseelte lyrische Linie zu geben. Nach ihrem Tanz vor den Künstlern gibt sie Erläuterungen, die lebhaft diskutiert werden. Gewiß, sie habe Ideen, meint man, aber Hellseherei sei nötig, um sie zu verstehen. Sie trifft den Polen Iwan Mirowski und verliebt sich in ihn. Sie glaubt, die große Liebe ihres Lebens gefunden zu haben, verlobt sich mit ihm und will ihn ehelichen. Da stellt sich heraus, daß er bereits verheiratet ist und in London seine Familie hat – ein furchtbarer Schlag für die fast noch kindliche Isadora; denn Iwan ist für sie der erste, dem sie in langen Gesprächen ihre künstlerischen Ideen anvertraut hat und der dafür Verständnis zeigt. Chicago ist ihr gründlich verleidet, nichts hält sie mehr, sie will weiter nach Osten, nach New York. Es gelingt ihr, in die Schauspielertruppe des Theaterproduzenten Arnold aufgenommen zu werden. Ab November tritt sie in New York in einer Pantomime als Miss Pygmalion auf. Es wird eine zweijährige, ihr wenig zusagende Tätigkeit: »Stumpfsinnig und unwürdig meines Ehrgeizes und meiner Ideale.« Tourneen durch die amerikanischen Städte und England schließen sich an. Zuerst spielt sie eine kleine Rolle mit der französischen Schauspielerin Jane May, dann tanzt sie im ›Sommernachtstraum‹ das Scherzo in der Waldszene – zum erstenmal allein auf einer großen Bühne – und später in Shakespeares ›Sturm‹ den Festtanz zur Hochzeit Mirandas. Das Publikum applaudiert ihren Tänzen lebhaft. Sie und Elizabeth, die Tanzunterricht gibt, sorgen jetzt für die Familie, die sich in New York zusammengefunden hat. Isadora erweitert ihr Tanzrepertoire mit Kompositionen von Mendelssohn, Strauß, Paderewski und dem jungen Amerikaner Ethelbert Nevin. Nevins ›Narzissus, Ophelia und Wassernymphen‹ »illustriert sie sehr anmutsvoll«, wie der ›Musical Courier‹ schreibt. Nach der Vorstellung gibt sie eine Erklärung ihrer Kunst, ihrer Ideen, ihres Weges durch die Natur zu Anmut, Schönheit, neuem Leben. Auch spricht sie von der Notwendigkeit, Kinder durch den Tanz äußerlich und innerlich zu formen. Ein paar Monate später veranstaltet sie einen Abend mit dem englischen Schriftsteller Justin Huntley McCarthy, der Gedichte des persischen Dichters Omar Khayyam vorliest. Isadora interpretiert durch Posen, Tanz und Gesten. Etliche Frauen verlassen entrüstet den Saal bei dem entsetzlichen Anblick von »Miss Duncans schönen nackten Armen und reizenden unbestrumpften Beinen«. Ein Bewunderer schreibt jedoch von den klassischen Linien einer griechischen Statue, den schönen Posen und Bewegungen ganz im Geiste der Dichtung, von einer Darstellung in den Grenzen bester Kunst. Reiche Amerikaner laden sie ein, auf ihren Gesellschaften in New York oder auf ihren Sommersitzen zu tanzen. Die Mutter begleitet sie auf dem Klavier, Elizabeth rezitiert Gedichte. Die Tänzerin wird das Schoßkind der Gesellschaft, aber man zahlt wenig, sieht ihren Tanz als Unterhaltung an und bringt ihrer Kunst so geringes Verständnis entgegen, daß sie den Entschluß faßt, nach Europa zu ziehen. London soll das nächste Ziel sein. Als ihr New Yorker Hotel, das ›Windsor‹ abbrennt, interpretiert sie das als Fingerzeig des Himmels. Elizabeth rettet zwar ihre Tanzklasse aus dem brennenden Haus ins Freie, aber die Familie verliert ihre ganze Habe. Zwei Vorstellungen zugunsten der Brandgeschädigten bringen

London 1900
SCHLOSS
N.Y.

wenig ein. Isadora bettelt sich bei mehreren Millionärinnen das Reisegeld zusammen. Ein Schlachtviehtransport nimmt sie schließlich mit hinüber zum englischen Hafen Hull. Wochenlang raubt ihnen an Bord das jammervolle Blöken der zweihundert Tiere den Schlaf. ›Der kleine Bruder Raymond‹ schwört dem Fleischgenuß ab und wird Vegetarier. Der erste Schiffsoffizier, mit dem Isadora die Mondscheinnächte auf der Kommandobrücke verbringt, unterbreitet ihr einen gutgemeinten Heiratsantrag. Sie macht ihm jedoch klar, daß sie eine höhere Aufgabe habe: ihre Kunst.

Das Wichtigste, was Amerika ihr mit auf den Weg gibt, ist das Evangelium Walt Whitmans: »Ich bin der Dichter des Leibes, ich bin ich, Dichter der Seele.« Der 1892 verstorbene Whitman spricht sehr oft über die Freuden der Liebe und stellt das Sexuelle als etwas Natürliches dar. Seine ›Grashalme‹ sind deshalb in Amerika verpönt. Er wird Isadoras Lieblingsdichter. Was *er* in der Dichtung ist, will *sie* im Tanz werden. Zeitlebens zitiert sie ihn. Sein Kampf ist auch ihr Kampf für die Freiheit der Gefühle, der Sinne und der Liebe; sie will herrliche Kinder haben und erziehen zu wunderbaren Menschen, die in Liebe vereint eine wahre Demokratie bilden sollen.

2 Zu viert – Augustin ist in New York geblieben – stehen die Duncans Ende Mai 1899 völlig mittellos in London auf der Straße. Sie haben zwar einige Bekannte, den Schriftsteller McCarthy und ein paar in London wohnende Amerikanerinnen; die aber müssen erst ausfindig gemacht werden. Ausgehungert und übernächtigt gehen sie in eines der ersten Hotels, um sich auszuschlafen und gründlich zu stärken. Dann verschwinden sie heimlich, ohne zu bezahlen. Nach einigen Tagen haben sie ihre Bekannten gefunden, und schon bald ist Isadora in die Gesellschaft eingeführt. Sie tanzt in den Ateliers der Maler

Erste Motive: Griechische Vasenbilder

Frederick Watts, Burne-Jones und Alma Tadema. Auch vornehme Privathäuser öffnen sich ihr. Überall erregt sie Bewunderung. »Eine Gainsborough-Schönheit«, meint der Prinz von Wales. Der finanzielle Erfolg ist indessen kärglich; er reicht kaum zum Sattessen. Elizabeth kehrt nach Amerika zurück, macht dort wieder eine Schule auf. Die hungernden Idealisten verbringen in London jede freie Stunde in den Museen, studieren die Tanzszenen der griechischen Vasen und Reliefs und zeichnen sie ab. »Ich versuche, sie darzustellen nach einer Musik, die mir mit dem Rhythmus der Füße, dionysischer Kopfhaltung und Führung des Thyrosstabes am besten zu harmonieren scheint.« Alma Tadema wird ihr Führer durch dieses Reich und weckt in ihr die Liebe zum Griechentum.

Anfangs begeistert sie sich für die Renaissance-Epigonen Rossetti und Burne-Jones, kommt aber bald in den Kreis der jüngeren englischen Künstler. – Ruskin hatte mit seiner Ethik und dem Glauben an den Menschen die Erneuerung vorbereitet, William Morris dem Kunstgewerbe eine neue Formenwelt gegeben, und die Grafik steht ganz im Banne des eben verstorbenen Beardsley, des Meisters der Linie. Isadora beobachtet alles mit größtem Interesse. Sie fühlt, England ist das Gelobte Land für ihre Kunst. – Auf einer Gesellschaft lernt sie Charles

Hallé kennen, den Sohn eines berühmten englischen Pianisten. Er ist der Direktor der neuen Galerie, in der sich die modernen Maler und Dichter treffen. Die jungen Künstler erstreben durch die Überwindung des trockenen Akademismus und der materialistischen Naturkopie einen dekorativen Naturlyrismus. Bei ihnen findet Isadora Verständnis, und es kommt zu eingehenden Gesprächen, zu regem Gedankenaustausch. Der Jugendstil, der sie schon in Chicago lebhaft beschäftigte, wird hier in stärkerem Maße von ihr aufgenommen. Er wird ihr Stil als Basis ihrer Bewegungselemente, ihrer Kleidung, ihrer Wohnkultur, ein Stil, der bis in ihre letzten Jahre durchgehalten wird und sie zur Repräsentantin und spezifischen Tänzerin der Belle Époque werden läßt.

Im Innenhof von Hallés Galerie, unter Palmen und Orchideen, tanzt sie nach Gedichten von Omar Khayyam, Homer, Theokrit, wiederholt Mendelssohns ›Frühlingslied‹ und Nevins ›Narcissus und Ophelia‹. Der Musikkritiker Fuller-Maitland rät ihr, mehr nach Musikstücken und weniger nach Gedichten zu tanzen. Deshalb ist ihr zweites Programm vornehmlich Chopin gewidmet, ein drittes der pantomimischen Wiedergabe von Gemälden Botticellis, Tizians und anderer Künstler, die sie im Museum studiert hat. Sie wird von altitalienischer Musik begleitet. – Im Theater sieht sie zum erstenmal Eleonore Duse und die englischen Schauspieler Henry Irving und Ellen Terry. Die Terry wird ihr zum Ideal. Im Winter tritt sie in der Shakespearetruppe Benson als führende Elfe im ›Sommernachtstraum‹ und in anderen Shakespearestükken auf. Lobeshymnen in der Presse und weitere Einladungen in die ersten Häuser sind der Erfolg. Trotzdem leidet sie ständig unter Geldmangel.

Raymond – seit Monaten in Paris – bombardiert sie mit verheißungsvollen Telegrammen, ihm zu folgen. Die Weltausstellung lockt, und Isadora strebt weiter zum

Kontinent. Im Juli 1900 kommt sie mit ihrer Mutter in Paris an. – Lange steht sie vor der Oper und bewundert Carpeaux' ›La Danse‹. Schon am Arc de Triomphe hatte Rudes Marseillaise sie in helle Begeisterung versetzt. Solch plastische Schöpfungen sind für sie, die Amerikanerin, etwas ganz Neues. – Sie stürzt sich in den Strudel der Weltausstellung. Im Theater ihrer Landsmännin Loie Fuller sucht sie die japanische Tanztragödin Sada Yacco zu sehen, von der ihr Raymond so viel vorgeschwärmt hat. Aber trotz der vielen neuen Eindrücke vergißt sie nicht das Studium der griechischen Vasenbilder im Louvre. – Charles Hallé kommt aus London herüber und schafft ihr wertvolle Verbindungen. Sie lernt die geistige und künstlerische Welt des damaligen Paris kennen: Rodin, Bourdelle, Saint Marceau, Sardou, Montesquiou, Carrière, die Polignacs, die Gräfin Greffuhle. Mit Eugene Carrière und seiner Familie verbindet sie bald eine herzliche Freundschaft. Der gefühlvolle Maler ist von ihrem Tanz tief ergriffen:

»Ihr Tanz ist kein Divertissement mehr, er ist die Offenbarung einer Persönlichkeit, ein Kunstwerk, so lebendig und so reich, daß es uns zu den Werken, die wir selbst erstreben, ansporn.« Diesen Ansporn gibt Isadora vielen Künstlern, sie gibt ihnen viel mehr an Anregungen, als sie selbst von ihnen empfangen kann. Carrière malt zwei große Ölbilder von ihr, nutzt jede Gelegenheit, ihren Tanz zu sehen und zu studieren: »In dem Bestreben, ihre Gefühle zum Ausdruck zu bringen, fand Isadora in der griechischen Kunst die schönsten Vorbilder. Voller Bewunderung ließ sie sich von diesen herrlichen Gestalten der Basreliefs inspirieren. Aber mit einem Instinkt für Entdeckung begabt, kehrte sie zur Natur, von der alle diese Gesten stammen, zurück und fand in dem Glauben, den griechischen Tanz nachzuahmen und wieder zum Leben zu erwecken, ihre eigene Pantomime. Sie

Isadora 1901.
Ölbild von
Eugène Carrière
(1849-1906)

denkt an die Griechen und gehorcht doch nur sich selbst; was wir sehen, ist ihre eigene Freude, ihr alleiniger Schmerz. Es ist ihre eigene Sehnsucht, wenn sie den Augenblick vergißt und nach dem Glück sucht. Indem sie uns ihre eigene schöne Natur offenbart, ruft sie die unsere wach: Wie vor den Werken der Griechen leben wir für einen Augenblick wieder auf, wir sind jung mit ihr, neue Hoffnung erfüllt uns; und wenn sie ihre Ergebung in Unvermeidliches ausdrückt, resignieren wir mit ihr.«

Isadora wird vom Präsidenten Loubet eingeladen und tanzt im Elysée-Palast. Ihr Programm ist erweitert. Mit ihrer Mutter am Klavier studiert sie Gluck und weitere Werke von Chopin. Sie eröffnet eine bald gut besuchte Tanzschule. Die Unterweisung der Schüler führt sie zu grundlegender Erforschung ihrer tänzerischen Mittel. Stundenlang steht sie mit über der Brust gekreuzten Armen, bis sie den ›Brennpunkt‹ der motorischen Kraft in ihrem Innern gefunden hat, aus dem die Bewegungen kommen. Die Wellen der Musik strömen in diesen Brennpunkt und entwickeln die seelische Vision, die die musikalischen Schwingungen im Tanz wiedergibt.

Der Pavillon Rodin auf der Weltausstellung macht auf Isadora den größten Eindruck. Die leidenschaftliche Gebärde, der ekstatische Schrei der Sehnsucht, die schmerzliche Zerknirschung in den Plastiken Rodins inspirieren sie zu neuen Tänzen. Sie sucht den Künstler in seinem Atelier auf – »nicht vom Eros getrieben, von Apollo geführt« – und wirklich, als der damals 61jährige Meister sie nach einigen Handgreiflichkeiten begehrt, versagt sie sich ihm. Hinterher bereut sie es allerdings.

Rodin bewundert sie: »Sie ist rein gefühlsmäßig zur Plastik gekommen, ganz ohne Anstrengung, möchte man sagen. Sie nimmt diese Kraft aus der Natur, eine Kraft, die man nicht als Talent, sondern als Genie bezeichnen muß.

José Clará, der Katalane.
Stets mit Notizblock in der Vorstellung

Sie hat auf ihre eigene Weise das Leben mit dem Tanz verschmolzen, sie ist auf der Bühne vollkommen natürlich, was man selten findet. Sie gibt dem Tanz eine gefühlvolle Linie und ist einfach wie die Antike, die gleichbedeutend mit Schönheit ist. Zartheit, Reichtum des Gefühls, diese großen Eigenschaften sind die eigentliche Seele des Tanzes; das ist vollkommene, alles beherrschende Kunst.«

Auch der spanische Maler José Clará, der nie ohne Skizzenbuch Isadora Duncans Vorstellungen besucht, ist begeistert:

»Wenn sie auf der Bühne erschien, hatten wir alle das Gefühl, daß Gott – das heißt Sicherheit, Klarheit, Größe und Harmonie –, daß Gott zugegen war.

Sie erweckte oder schuf alle Leidenschaft der Ideale und der Kunst; die schönsten Träume, die höchsten Visionen entstanden und entfalteten sich durch die Magie ihrer Bewegungen.

Niemals war Gebet glühender, Sieg unwiderstehlicher, Jungfräulichkeit reiner, Anmut jugendlicher, Raserei tragischer, Heiterkeit leuchtender als sie – Isadora.«

Dichter, Schriftsteller und Kritiker schildern mit Enthusiasmus ihre Auftritte.

Henri Lavedan, der bekannte Kritiker, schrieb in ›Vie Parisienne‹: »...ein junges Mädchen, vital und hübsch, verstand es ohne irgendwelche Kunststücke und ohne Worte, das Publikum zwei Stunden lang in einem der größten Pariser Theater zu fesseln. Sie war allein, mehr umhüllt als bekleidet, und so schlicht, daß die getönten Schleier die vibrierende und statuenhafte Schönheit ihres Körpers mehr erklärten als verrieten. Und all diese Schönheit und Kühnheit diente dazu, einen griechischen Tanz mit bloßen Füßen auszuführen; sie tat das so seelenvoll, daß sie die große Menge der Zuschauer während des ganzen Tanzes in atemloser Spannung hielt, bezauberte und aufs tiefste bewegte. Dabei tanzte Isadora vor dem kritischsten Publikum der Welt.

Man stelle sich ein Mädchen vor mit einem Körper, der einer vollendeten griechischen Skulptur gleicht, ohne die geringste Ähnlichkeit mit einer heutigen Französin. Die Proportionen sind so hervorragend, so harmonisch, daß man unwillkürlich an eine Gestalt auf einem Sockel denkt. Gerade, schlank wie ein junger Baum, mit kräftigen Hüften und Beinen, weiblich und männlich zugleich, ein zarter Oberkörper mit den Schultern eines jungen Mädchens, bezaubernde Arme, sich von den Fingern bis zum Hals wirkungsvoll krümmend wie ein edler Kranz – der Kopf der Athene von Greuze. So erschien Isadora zuerst vor unserem erstaunten und entzückten Blick; sie war keineswegs selbstbewußt, vielleicht eher etwas schüchtern, bescheiden, aber stolz. Sie hatte eine helle Stirn und ein zartes Lächeln in ihren Augen.«

Isadora bewunderte die göttliche Sarah Bernhardt als Aiglon, aber einen weit tieferen und nachhaltigeren Eindruck bereitet ihr der berühmte Mounet-Sully als Ödipus. Raymond und sie haben ihre letzten Francs zusammengelegt, um sich den billigsten Platz im Trocadéro zu leisten. Für Isadora wird der Schauspieler durch die Art seines dramatischen Ausdrucks vorbildlich für ihre eigene Pantomime.

Obwohl es immer wieder an Geld fehlt, weist sie einen Berliner Music-Hall-Impresario, der sie als ›erste Barfußtänzerin der Welt‹ für 1000 Mark am Abend engagieren will, mit Entrüstung zurück: »Ich bin nach Europa gekommen, um etwas wie eine große Renaissance der Religion durch den Tanz und die Kenntnis von der Schönheit und Heiligkeit des menschlichen Körpers durch seinen Bewegungsausdruck zu bringen. Ich werde tanzen, aber nicht zum Vergnügen vollgefressener Spießbürger nach dem Essen.«

Beide Abbildungen:
Gezeichnet von
August Rodin
(1840-1917),
Paris 1901

3 Loie Fuller aus Chicago hat bereits ein Jahrzehnt der Triumphe hinter sich, als Isadora sie kennenlernt und durch sie eine weitere Chance zum Aufstieg bekommt. Die Fuller ist schauspielerisch begabt, hat aber auf dem Theater als Sängerin und Tänzerin allein anfangs keinen Erfolg. Durch Zufall entdeckt sie, wie auf einem herumgewirbelten Seidenstoff durch Sonnenstrahlen, durch Licht und Schatten, Farb- und Formwirkungen entstehen. Mit Hilfe des eben als Bühnenbeleuchtung eingeführten elektrischen Lichts, mit farbigen Reflektoren, experimentiert sie weiter und schleudert ihre weiten Gewänder oder an Stäben befestigte Stoffmengen und Schleier zu wunderbaren Gebilden in die Luft. Sie verbindet das mit simplen tänzerischen Bewegungen, aber nicht die Bewegung des Körpers ist wesentlich, sondern die Wirkung der Stoffwolken im Wechsel von Farbe und Licht. Sie sind die Elemente in ihrem Serpentinentanz, Flammentanz, Schmetterlingstanz. Mit dem Erfolg in den Folies Bergères in Paris 1892 beginnt ihr Siegeszug durch die Welt. Schülerinnen werden angelernt und bilden den Rahmen ihrer Darbietungen. Den damaligen Künstlern, den Impressionisten, Pointillisten und Malern des Jugendstils ist sie innerlichst verwandt. Ihr bewegter Stoffwirbel wird zum ornamentalen Formelement für das Kunstgewerbe der Jahrhundertwende. – Eine gemeinsame Freundin bringt die Fuller in Isadoras Studio. Erregt und voller Neugier tanzt Isadora vor ihrer berühmten Landsmännin, die nicht nur den Ruf hoher Künstlerschaft, sondern auch madonnenhafter Reinheit genießt. Nie war sie in eine Skandalaffäre verwickelt, sie hatte man nie in den Armen eines Mannes gesehen. – Die Fuller findet Isadoras Tanz sehr anmutig, sieht über eine gewisse Affektiertheit, über das Kostüm und über die nackten Beine hinweg und bezeichnet ihn als das Schönste, was es zur Zeit auf dem Gebiet rein tänzerischer Darstel-

lung gibt. Sie will Isadora wie Sada Yacco herausbringen und vereinbart mit ihr ein Treffen in Berlin, wo sie gerade mit ihren Schülerinnen eine Tournee beginnt. Dort, im überfüllten Wintergarten, sieht Isadora zum ersten Mal eine Vorstellung der Fuller: »Vor unseren Augen verwandelte sie sich in buntschillernde Orchideen, in wogende Seerosen, in Lilien, die spiralengleich aufsteigen. Das Ganze, die Magie Merlins, ein Zauber von Licht, Farben und fließenden Formen: welch außerordentliches, unnachahmliches Genie! Ich geriet in Ekstase, blieb mir aber klar, daß diese Kunst ein einmaliges, plötzliches Überschäumen der Natur war, das sie vor den Augen der Zuschauer in tausend bunte Bilder verwandelte. Ein unglaubliches Schauspiel, nicht zu beschreiben, unmöglich nachzumachen.« Für ihren eigenen Tanz konnte sie der Darbietung nichts entnehmen. Von Berlin aus reist sie mit der Fuller und ihrer Gruppe von reizenden jungen Mädchen nach Leipzig, München und schließlich nach Wien. Dort führt die Fuller sie mit einer Matinée im Hotel Bristol in die vornehme Gesellschaft ein.

Die Gäste sind versammelt, die Spannung ist aufs höchste gestiegen, aber die Debütantin läßt auf sich warten. Die Fuller stürzt in die Garderobe: Isadora nimmt ein warmes Fußbad und kämmt sich in aller Seelenruhe die Haare. Die Beschwörungen der Fuller machen keinerlei Eindruck auf sie. Endlich erscheint die Tänzerin und tanzt, ohne von den Gästen Notiz zu nehmen. Alles schweigt. In die Stille hinein fragt die Fürstin Metternich: »Warum tanzt sie mit so wenig an?« Darauf die Fuller sehr laut: »Die Koffer unserer Künstlerin sind leider nicht angekommen; um Ihnen aber trotzdem den Genuß ihres Tanzes zu geben, ist sie im Trainingsanzug vor Ihnen erschienen.« Die Koffer kamen nie an. Diese Schwindelei bekam die Fuller später oft zu hören, da die Duncan immer in dem durchsichtigen Trainingsanzug auftrat.

Loie Fuller (1862-1928) Lilientanz, Paris 1900.
»Ganz Paris kam gelaufen, diese Frau zu sehen: eingehüllt in einen Wirbel von Licht und wehenden Schleiern, emporfliegend und sich windend wie die Rauchsäule über dem Weihrauchfaß.«
(Jean Lorrain)

Unter den Gästen ist Hermann Bahr. Er sieht die Tänzerin mit anderen Augen als die Fürstin Metternich: »Leicht wie ein Hauch, schnell wie eine Welle, nicht eigentlich tanzend, sondern gleitend, schwebend, fließend, einer sanften Melodie gleich, die zur Linie geworden ist. Wir hatten alle das Gefühl, niemals dergleichen gesehen zu haben: wie durch einen stillen Zauber schien sich vor uns eine griechische Vase geheimnisvoll zu beleben. Und noch wie betäubt, fast betreten, fragten wir uns dann, was denn eigentlich mit uns geschehen war – ist das ein Tanz, ist es ein Schauspiel, haben wir Musik erblickt?...«

An weiteren Abenden tanzt Isadora vor Wiener Künstlern, Malern, Dichtern und Presseleuten. Ihre Aufnahme ist enthusiastisch. Hugo von Hofmannsthal schildert dieses Erlebnis, und er vergleicht Isadora mit einer anderen amerikanischen Tänzerin, Ruth St. Denis: »Man wird von Ruth St. Denis sagen, was man von der Duncan sagte, ›Sie darf es tun, sie darf alles tun‹. Aber was man von der Duncan sagte, weil sie sehr geschmackvoll, sehr klug und sehr anständig war, wird man von ihr sagen, weil sie großartig undefinierbar und elementar ist. Im übrigen wird kein Anlaß sein, die St. Denis mit der Duncan zu vergleichen. Die Duncan, so charmant sie ist, wirkt neben ihr unendlich sentimental. Es war das Geheimnis der Duncan, daß sie wußte, was Tanzkunst ist. Diese ist eine geborene große Tänzerin. Das Tanzen der Duncan, an diesen inkalkulablen Gebärden gemessen, war ein Zeigen, fast ein Demonstrieren. Diese tanzt, die Duncan hat etwas von einem sehr gewinnenden und leidenschaftlich dem Schönen hingegebenen Professor der Archäologie. Diese ist die lyrische Tänzerin, aus dem Relief herabgestiegen.«

Die Kritik und auch die Haltung des Publikums sind nicht immer zustimmend. Im Karltheater ruft ein österreichischer Offizier, der von seinem Platz aufgesprungen ist: »Wie ekelhaft.« Die Vorstellung wird unterbrochen, bis der Sittenstrenge mit den übrigen Offizieren das Theater verlassen hat. Der Kritiker Anton Lindner schreibt in ›Bühne und Welt‹ abfällig über die ›Tanzexperimente‹ der Miss Duncan, die auf den schlüpfrigen Brettern des Karltheaters ein mehrabendliches Schauspiel für Götter und Spießbürger darbot und ihr rosiges Griechentum enthüllte. Daß ihr ›Hellenentum‹ in snobistischen Assembleen und ästhetischen Zirkeln schwülstigen Widerhall fand, darf nicht wundernehmen. Gleichwohl bleibt befremdlich, daß von einer endlich erwachten ›Antike‹ gesprochen und sogar an die Nike von Samothrake erinnert wurde. Freundlich beurteilt Wilhelm Sterk Isadoras Zugnummer, den vom Publikum immer wieder verlangten Donauwalzer: »Die Musik intoniert An der schönen blauen Donau. Und wahrhaftig – sie tanzt die Introduktion. Wie man da die blauen Wellen mit leisem Klang fließen hörte, schien die Duncan, die starr und wie im Traum an einer Säule lehnt, zu erwachen. Langsam regt sie Glied um Glied, öffnet die Augen und scheint zu lauschen, man fühlt, wie die Musik sie durchdringt, wie sie mächtig gepackt wird, wie sie erglüht im Zauber der Töne – sie reckt sich und wirft sehnsüchtig die Arme aufwärts: da setzt der Walzer ein, und in tollem Jubel läßt sie sich fortreißen, springt und lacht unter Tränen, ist ganz atemlos, aber selig und ganz erfüllt von einem kindlichen Glück... Aber die Tanzkundigen meinen, sie kann keinen Walzer tanzen. Die Duncan hat ihn nämlich so getanzt, wie ihn die Donaunixen tanzen würden, hörten sie die Straußsche Musik.«

Tiefgründiger als die Urteile der Kritiker ist der Gedankenaustausch, den Hermann Bahr mit Isadora während dieses Gastspiels in Wien hat. Er will insbesondere erfahren, ob ihr Tanz instinktiv oder bewußt, ob Entwicklung,

Fortschreiten in ihm sei, ob ihr ein Ziel vorschwebe. »Ich trat zu ihr und sagte, was man eben einer Künstlerin sagt; es ist nicht sehr tief. Sie erwiderte mechanisch. Und ich glaubte einen Kummer, fast eine Erbitterung herauszuhören. Wir sprachen noch so hin und her. Plötzlich sah sie auf, gespannt, erregt, aber immer noch mißtrauisch, wie mit einer stummen Frage in den Augen: ›Sollte man mit dir am Ende doch vielleicht vernünftig reden können?‹ Sie besann sich noch, sie zauderte. Aber dann sagte sie, fast wider Willen und mehr zu sich selbst: ›Was ich bis jetzt tanze, genügt mir selbst gar nicht. Das ist alles nur Nachahmung. Das ist nicht die Kunst, die ich suche. Ich suche eine neue Kunst des Tanzes, und ich weiß, daß ich sie finden werde. Ich habe sie schon, ich beherrsche sie nur noch nicht.‹ Dabei sah sie vor sich hin, wie es oft Erfinder tun, die etwas bei sich schon ausgeführt erblikken, das aber freilich mit Worten nicht zu beschreiben ist, sondern in einem Material gezeigt werden müßte. Und langsam ließ sie sich bestimmen, mir zu sagen, was sie träumt.

›Der antike Tanz ist doch immer nur eine bloße Nachahmung der Natur geblieben. Wenn er also zum Beispiel Trauer ausdrücken soll, so tut er dies, indem er die Haltung, die Gebärden von klagenden Frauen annimmt. Ist denn das aber Kunst? Fällt es etwa dem Musiker ein, mit seiner Musik das Geräusch des Weinens nachzumachen? Der Musiker stellt niemals die Äußerung des Schmerzes dar, sondern er drückt den Schmerz selbst aus. Macht nun der Tänzer eine Pantomime daraus, so hebt er ja nur eigentlich die künstlerische Arbeit des Musikers wieder auf. Wir kehren nur wieder zum Ausgang zurück: wir sehen wieder ein einzelnes Weib vor uns, das klagt. Aber sollte denn nicht dem Tänzer möglich sein, was dem Musiker möglich ist: nämlich statt einen einzelnen traurigen Menschen nachzuahmen, vielmehr unmittelbar die Trauer selbst auszudrücken? Wenn der Musiker das durch einen Klang kann, warum soll es der Tänzer nicht durch eine Linie können? Jeder Klang läßt sich doch durch eine Linie darstellen, genau, mathematisch genau! Sehen Sie nur her, bitte!‹ Und sie springt auf, holt ein Blatt, nimmt einen Bleistift, und indem ein junger Mann auf dem Klavier vier Akkorde anschlägt, zieht sie diese mit ihrer nervös zuckenden, wie beseelten Hand auf dem Blatte nach. ›Musik besteht doch immer nur aus Hebungen und Senkungen, längeren und kürzeren, aus Wellen, die man ganz genau nachzeichnen kann.‹ Fast heftig sagt sie: ›Ich kann es freilich noch nicht. Ich höre die Linien, die die Musik macht, aber meine Hand ist noch ungeschickt. Ich werde es jedoch schon noch lernen. Es muß zu erlernen sein; denn ich glaube fest, das ist doch auch ganz klar, daß jede Musik graphisch dargestellt werden kann, nicht etwa bloß ungefähr, nach einer persönlichen Willkür, sondern ganz exakt, ganz genau, mathematisch genau.‹ Sie hält inne und wiederholt dann noch einmal, mit einer wahren Inbrunst, als ob es ein magisches Wort wäre: ›Mathematisch!‹ Dann rafft sie sich auf, der schmale Hals bebt vor Energie, und in ganz knappen, scharfen, spitzen Sätzen, als ob sie Nägel einschlagen würde, rechnet sie mir nun vor: ›Also jede Melodie enthält eine Linie, die man aufzeichnen kann. Nun müßte es mir noch gelingen, mich so beherrschen zu lernen, daß mein Körper auf meinen Impuls hin vollkommen zu dieser Linie werden könnte. Soweit bin ich nur noch nicht. Ich kann es mit den Händen, ich kann es mit den Füßen, aber ich gehe noch immer nicht völlig in der Linie auf. Es bleibt immer noch etwas von meiner Person da. Ich zweifle aber nicht, daß es möglich wäre, vollkommen zur Linie zu werden. Das ist es, was ich suche: Dann wäre der Tanz erst eine Kunst. Jetzt tanze ich zur Musik, meine zufällige Person tanzt zur Musik. Aber im anderen Fall wäre ich es gar nicht mehr, sondern die Musik selbst, die tanzen würde. Oder ein Vers; denn es braucht ja nicht gerade eine Melodie zu sein, die getanzt wird, es kann ein Vers, es kann ein Erlebnis, es kann ein Gefühl sein. Jeder Vers, jedes Erlebnis, jedes Gefühl läßt sich durch eine Linie darstellen, und jede Linie muß sich tanzen lassen. Und so ein Tanz, der müßte auf alle Menschen wirken, den müßten alle Menschen verstehen; denn er wäre die Wahrheit, er könnte bewiesen werden, er wäre losgelöst von der einzelnen Person, die da zufällig tanzt. Und ich hoffe, wenn ich nur nicht nachgebe, eine Wissenschaft des Tanzes zu finden, mit ganz festen und sicheren und unantastbaren Gesetzen. Das hoffe ich bestimmt. Ich hoffe.‹«

Der ungarische Impresario Alexander Groß macht Isadora ein glänzendes Angebot für Budapest: 30 Abende soll sie dort in der Urania tanzen. Es ist ihr erster Vertrag für die Bühne, und sie fühlt den Wendepunkt, den Durchbruch zur großen Laufbahn. Heimlich verläßt sie Wien, die Fuller und die reizenden Mädchen, deren Liebkosungen, Küsse und Kosenamen sie immer erheiterten, und geht nach Budapest – es ist ein herrlicher Frühling. Der Erfolg in der Urania ist außergewöhnlich. Der Beifall wird zur Raserei, als sie am Schluß die ›Blaue Donau‹ tanzt. Das Publikum springt auf, sie muß den Walzer mehrmals wiederholen, bis sich der Sturm gelegt hat. Die Zeitungskritiken sind günstig. Das ›Neue Politische Volksblatt‹ vom 20. April 1902 schreibt: »Heute also ist das tanzende Wunder auf den mit Teppichen bespannten Brettern der Uraniabühne vor der Öffentlichkeit erschienen! Die Missionarin der Tanzrenaissance, das kalifornische Phänomen, Miss Isadora Duncan, hat sich bei außerordentlich erhöhten Preisen dem Budapester Publikum vorgestellt. Der versprechende Ruf, welcher der interessanten Erscheinung und ihrem sonderbaren Können vorangegangen, dürften es verschuldet haben, daß ihr heuti-

Ószkár Beregi – ›Romeo‹ – Budapest.
»Endlich wußte ich, was der Himmel auf Erden ist«

ges Debüt einen Teil des Publikums nicht zufriedengestellt hat. Miss Duncan, eine schöne, wunderbar gebaute, jugendliche Erscheinung, ist ein tanzender Philosoph und mimender Historiker. Mit bloßen Füßen, die bei ihren graziösen Bewegungen bis an die Lenden sichtbar werden, und stark dekolletiert, ist Miss Duncan berufen, die klassischen Tänze und Bewegungen des Altertums zu neuem Leben zu erwecken. Das sonderbare, nur nach einem gewissen Vorstudium begreifliche Beginnen weiß Miss Duncan mit einem seltenen rhythmischen Gefühl, vollendetem Formverständnis und gewinnender Grazie durchzuführen. Man hat die eigentümliche Fertigkeit, die sich allerdings mit der von uns gekannten Tanztechnik nicht messen kann, bewundert; doch hatte Miss Duncan, wie jeder Reformator, einen Kampf mit der überwiegenden Anzahl der Unverständigen zu bestehen. Die Anerkennung aber, daß ihre mehr denn üblich verratenden Bewegungen stets dezent und geschmackvoll blieben, kann und darf man der jungen Künstlerin nicht vorenthalten. Als Staffage zu den mit Beifall aufgenommenen Tanzleistungen dienten Fräulein Ilka Angyal und Herr Ószkár Beregi. Letzterer deklamierte wie einer, der das Gleichgewicht verloren hat. Hätte ihn sein Vorbild im Deklamieren, der verstorbene Julius E. Kovács, heute gehört, er hätte sich in seinem Grabe umgedreht.«

Des Lobes voll ist der ›Pester Lloyd‹ vom gleichen Tag. Auch die Deklamation des jugendlichen Helden Beregi vom Nationaltheater wird zur Freude Isadoras günstig beurteilt:

»Miss Isadora Duncan hatte absolut nichts von dem Raffinement und der Absichtlichkeit ihrer Kolleginnen in der Kunst Terpsichores. Was uns entzückte, das war eben die beispiellose Schlichtheit, das Sinnige, klassische Traditionen förmlich zu neuem Leben Erweckende ihres Tanzes... – Niemandem fiel es ein, die nackten Füße der

Tänzerin ›shocking‹ zu finden, die Eigenart ihrer Toilette zu bemängeln. Man sah, daß da keine Spekulation auf den Sinnenreiz im Spiele war, und eine natürliche Grazie, die tadellose Schönheit der Mädchenfigur, die wundersam plastische Pose, der beseelte Ausdruck der Tanzbewegungen siegten über die Rücksichten des Konventionalismus und der Prüderie. Gewiß, auf erhöhtem Podium ist der Eindruck mancher Tänze Miss Duncans kein absolut reiner, wie vom Parkett aus betrachtet; aber dann kommen wieder Stücke, wo die berückende Rhythmik des Geistes, die Klassizität der Tanzfiguren wirkliches ungetrübtes, ästhetisches Behagen auslösen... Dann kamen in geistvoller Kombination von Vers, Musik, Chorgesang und Tanz die Illustrationen Miss Duncans zu Botticellis berühmter ›Primavera‹.

...Im zweiten Abschnitt des Abends folgen also ebenso viele Clous, die griechischen Tänze, die so merkwürdig vom Idyll bis zum Bacchanal sich steigern, hundert Gemütsregungen rein und deutlich zum Ausdruck bringen ...Herr Beregi sprach Anton Radós Lyrik mit warmem Nachempfinden.«

Óskár Beregi, der an seinem Theater den Romeo spielt, ist eine gefühlvolle südländische Schönheit mit großen ausdrucksvollen dunklen Augen und wundervollen schwarzen Locken. In seiner wilden Umarmung wird die ›keusche Nymphe‹ zur ›entfesselten Bacchantin‹. So bringt der Budapester Frühling der Vierundzwanzigjährigen neben der künstlerischen auch endlich die körperliche Erfüllung. Aber der Liebesrausch überdauert den Frühling nicht. Als Isadora von einer Tournee durch Ungarn nach Budapest zurückkehrt, ist aus dem stürmischen Romeo ein bedächtiger Marc Anton geworden, den seine große Forumrede an die ehrenwerten Römer in die Wirklichkeit zurückversetzt hat: Isadora soll in Budapest bleiben und seine Frau werden. Sie ist bestürzt. In

Friedrich August
Kaulbach
(1850-1920),
München 1902

qualvollen Nächten reift ihr Entschluß: sie kann ihren Beruf als Künstlerin nicht aufgeben und nicht auf die Laufbahn verzichten, die Groß ihr eben eröffnete. Doch ihr Liebeskummer bringt sie an den Rand ihrer seelischen und körperlichen Kräfte. Sie geht in ein Wiener Sanatorium.

Halb genesen, macht sie eine Tournee durch die böhmischen Bäder, erholt sich dann in Abbazia. Die Natur, das Meer und die Landschaft geben ihr neue Kraft und Ruhe: »Vor meinem Fenster wuchs eine große Palme – zum ersten Mal sah ich eine solche im Freien. Ich beobachtete das Zittern der Blätter im Morgenwind, und dabei kam mir die Idee des Vibrierens der Arme, Hände und Finger, das meine Nachahmerinnen so entstellt haben. Sie vergaßen, auf die einfache, natürliche Quelle zurückzugehen, die Bewegung der Palme zu beobachten und sie innerlich aufzunehmen, bevor sie sie nachahmten.«

In München findet Isadora Aufnahme in dem Kreis des Künstlerhauses, wo Lenbach, Stuck, Kaulbach, Siegfried Wagner sie bewundern. Sie wird gemalt, gezeichnet. Ihre Tanzabende enden mit tumulthaften Ovationen, die Studenten spannen die Pferde aus und ziehen ihren Wagen zum Hotel. Dort werden ihre Fenster bis zum Morgengrauen belagert. Kleid und Schal werden in Fetzen gerissen und als Andenken verteilt. Nur noch in Berlin, wo sie ein paar Monate später auftritt, wird sie den gleichen Triumph erleben als ›die göttliche, heilige Isadora‹. Die italienischen Meister in der Pinakothek begeistern sie so, daß sie nach Florenz reist und dort Museen besucht und Gärten durchstreift. Botticelli hat sie ganz in seinen Bann gezogen: »Tagelang saß ich vor dem ›Frühling‹ und war ganz verliebt darin. Ich blieb, bis ich die Blumen wirklich sprießen sah, die nackten Füße tanzen, die Körper sich bewegen, bis mir ein Engel der Freude den Gedanken eingab: dieses Bild werde ich tanzen, werde allen anderen diese Botschaft der Liebe, des Frühlings, des Lebens, die ich so tief bewegt erhielt, übermitteln. Mein Tanz soll ihnen den gleichen Freudenrausch geben... – Ich fühlte, daß mein Leben nur ein Umhertasten, ein blindes Durcheinander gewesen war und daß ich durch Entdeckung des Geheimnisses dieses Kunstwerkes der Menschheit den Weg zur Schönheit des Lebens, zu den Quellen der Freude zeigen könnte.« Sie entwirft nach dem Gemälde einen Tanz, der die weiche Wellenlinie der Erde, den Reigen der Nymphen und den Flug Zephirs wiedergeben soll.

In Berlin füllt sie allabendlich die Kroll-Oper und gibt Freivorstellungen für die Arbeiter. Im Presseklub hält sie einen Vortrag über ihren Tanz, ihre künstlerischen und menschlichen Ziele. Wie immer sind die Meinungen geteilt. Die Presse debattiert über die künstlerischen Aspekte. Die Künstler bejahen ohne Bedenken die Frage, ob ihr Tanz Kunst sei. Nur der Akademiedirektor Anton von Werner lehnt ermäßigte Eintrittskarten für seine Schüler ab. Er will der Immoralität nicht Vorschub leisten. Isadora wird portraitiert. Walter Schott macht eine Plastik. In den Zeitschriften, in der ›Jugend‹, im ›Simplizissimus‹ erscheinen Karikaturen. Sie amüsiert sich darüber ebenso wie über Herrn von Werner.

Von Berlin aus reist sie nach Paris, hält in ihrem Studio Vorträge und gibt zehn Abende im Théâtre Sarah Bernhardt. Sie tanzt – begleitet von dem Dolmetch-Quartett – ›Primavera‹, ›Engel mit der Viola‹, ›Bacchus und Ariadne‹, drei Chopinstücke und zwei Tanzpantomimen ohne Musik: ›Der Tod und das Mädchen‹ und ›Pan und Echo‹. Der Erfolg ist keineswegs so stürmisch wie in München und in Berlin. Man findet zwar einen gewissen Charme im plastischen Empfinden, aber auch Monotonie durch die zwei Stunden lang immer wiederkehrenden antiken Posen. Einige Tage nach Beendigung des Gastspiels er-

Beethoven und Isadora Duncan

„Lerne leiden, ohne zu klagen!“

Karikatur von Arpad Schmidhammer
in der ›Jugend‹, 1902

scheint Isadora bei einem Fest zu Ehren Rodins, der zum Kommandeur der Ehrenlegion ernannt wurde. Der norwegische Maler Thaulow und Bourdelle musizieren. Sie wird bestürmt, dazu zu tanzen. Sie legt Kleid und Schuhe ab und beginnt sich in einem kleinen weißen Unterkleid zu bewegen, sich hin und her zu wiegen. Dann wirbelt sie dahin wie ein fallendes Blatt im Sturm, bis sie schließlich in einer Haltung kindlicher Hingabe zu Rodins Füßen niedersinkt. Alle sind hingerissen und, wie der Meister, tief gerührt.

Und doch – sie fühlt sich erst an der Schwelle ihrer Kunst, denn das Ziel ihres Lebens, Griechenland, liegt noch vor ihr. Den Wunsch, der im Britischen Museum und im Louvre geweckt wurde, will sie sich nun erfüllen. Mit dem verdienten Geld – und zusammen mit der von diesem angelockten ganzen Familie – stürzt sie sich in das griechische Abenteuer. Ein Abenteuer wird es. Nach der Landung an der Ostküste, in Karwasaras, küßt sie die griechische Erde: »Seid gegrüßt, olympischer Zeus und Apollo und Aphrodite.« Von dort zieht die Familie südwärts nach Missolunghi, dem Sterbeort Byrons, und über Patras und Korinth nach Athen.

4 Klopfenden Herzens und mit zitternden Knien steigt Isadora zum Parthenon hinauf: »Ich hatte das Gefühl, daß mein ganzes bisheriges Leben von mir abfiele wie ein Narrenkleid, daß ich bisher überhaupt nicht gelebt hatte, daß ich erst jetzt in dem gewaltigen Rausch der Schönheit dieses ersten Eindrucks geboren wurde. Hier ist die Vollendung: Form, Linie, Rhythmus, das ist mein Tanz. Durchaus vollkommen ist der Rhythmus der Musik und der Rhythmus der Säulen.« – Die ganze Familie kleidet sich in altgriechische Gewänder und läuft zum Gaudium der Einwohner mit Stirnband im Haar, in Peplum, Tunika und Chlamys durch die Straßen von

Athen. Für die Propaganda, daß auch die Athener antike Kleidung anlegen, tanzen, singen und die alten Götter verehren sollen, hat man nur Kopfschütteln übrig. Man lacht über die schwärmerischen Amerikaner und ihre komischen Ideen. Die Duncans beschließen, für immer in Athen zu bleiben, eine Schule und einen Tempel zu bauen – das Bankkonto scheint unerschöpflich. Nach langem Suchen finden sie in der Umgebung von Athen im Hymettos einen Bauplatz, den Hügel Kopanos. Er

Griechenland 1903: Vor dem Parthenon in Athen

scheint ihnen geeignet, weil er ungefähr die gleiche Höhe wie die Akropolis hat. Die Bauern lassen sich das öde Land reichlich bezahlen. Nach altem Ritus werden Vertrag und Grundsteinlegung gefeiert. Ein schwarzer Hahn wird geschlachtet und mit den unzähligen Gästen, die aus der ganzen Umgebung zusammengeströmt sind, die Nacht hindurch gesungen, getanzt und getrunken.

Dann beginnt der Bau: vom Pentelikon werden unter großen Mühen und Kosten Marmorbrocken herbeigeschafft und aufeinandergesetzt. Der kleine Bruder Raymond will alles allein machen. Der Palast des Agamemnon in Mykene soll auf dem Kopanos rekonstruiert werden. Leider entdeckt man, daß kein Wasser vorhanden und die nächste Quelle 4 km entfernt ist. Raymond und mehrere Arbeiter wollen einen artesischen Brunnen bohren. Man bohrt und bohrt, stößt auf antikes Gemäuer, bohrt weiter, aber der Boden wird immer trockener. Nach wochenlangem Bemühen stellt man die Bohrung ein. Da die Geldmittel knapp werden, läßt man die schon erstellten Grundmauern liegen und kehrt in die Stadt zurück. Die Enttäuschten suchen Trost in der Liebe – Raymond heiratet Penelope, die Schwester des griechischen Dichters Angelo Silelaneos – und in der Kunst: Isadora tanzt im Mondschein auf der Akropolis und im Dionysostheater, Augustin rezitiert dazu griechische Dramen. Helene von Nostitz, die Freundin Rodins, ist unter den Zuschauern: »Sie füllte einen ganzen Abend mit ihren Tanzfantasien aus, nicht einen Augenblick ermüdete das Publikum. Denn hier war die Fülle des Lebens und der Kunst Ausdruck geworden. Sie tanzte die Säulen, die sie bei Sonnenuntergang und unter Sternen erlebt hatte, sie tanzte die heiligen Schauer der Tempel, in denen der Weihrauch zu den Göttern aufsteigt, tanzte die Nymphen der Berge, Wälder und Flüsse und die bacchantische Freude dionysischer Feste.

Sie tanzte die majestätische Tragik antiker Tragödien. Dann raste sie wieder wie eine Mänade und war die Furie, die Erinnye, die Orest in den Wahnsinn trieb. Sie erschien als klagender Orpheus, als verlorene Seele, und tanzte die Sehnsucht. Als Iphigenie schritt sie im weißen Gewande daher. Wie auf einer antiken Vase sank ihre Gestalt zu Boden und lag sinnend mit erhobenem Arm. Nun schwang sie sich auf und war die freudige Göttin, mit Blumen bekränzt.«

Wie zur Mysterienfeier im Altertum tanzen sie die heilige Straße nach Eleusis entlang zum Tempel der Demeter. Sie hören die nächtlichen Gesänge griechischer Knaben und bilden mit den zehn besten einen Knabenchor. Ein Musikstudent studiert mit ihnen Chöre des Äschylos und Lieder aus der orthodoxen Kirchenmusik ein. Isadora gibt den Gesängen eine tänzerische Interpretation. Zwei Vorstellungen im Stadttheater und im Königlichen Theater haben mit dieser Verbindung von Gesang und Tanz wenig Erfolg. Das griechische Publikum schreit nach der ›Blauen Donau‹, und mit diesem Walzer entfesselt Isadora immer neue stürmische Begeisterung. Aber sie ist deprimiert, fühlt den Mißerfolg ihres griechischen Unternehmens und muß leider feststellen, daß das Bankkonto erschöpft ist.

Nach schlafloser Nacht tanzt sie allein im Dionysostheater und steigt dann zum Parthenon hinauf. Vor kaum einem Jahr glaubte sie, hier eine heilige Mission zu empfangen: wie wenig hatte sich erfüllt: »Plötzlich wurde mir klar, daß all unsere Träume wie eine schillernde Seifenblase zerplatzen und daß wir nur moderne Menschen sind und nichts anderes sein können. Wir haben andere Gefühle als die alten Griechen... ich blieb im Grunde eine Amerikanerin... Verflogen waren die Klänge byzantinischer Musik, die Weise von Isoldes Liebestod drang an mein Ohr.«

Drei Tage später reist sie ab, nimmt ihre zehn griechischen Sängerknaben mit und geht zunächst nach Wien. Aber weder in Wien noch später in Berlin ist man von ihrem Tanz zu den griechischen Chören angetan. Als sie am Schluß zum Publikum von der Wiederbelebung der griechischen Tragödie spricht, wird sie von den Rufen nach der ›Blauen Donau‹ übertönt. Mehr Anklang findet sie in München, wo Wilhelm Furtwängler sich für die griechischen Chöre interessiert. Aber nach wenigen Monaten müssen die griechischen Knaben, die nachts durch die Fenster steigen und sich in zweifelhaften Lokalen herumtreiben, nach Athen zurückgeschickt werden. Sie waren ohnehin nicht mehr einzusetzen, da ihr Stimmbruch die Chorgesänge zu einer scheußlichen Kakophonie werden ließ.

Inzwischen kommen Isadora immer mehr Bedenken über die Möglichkeit der Wiederbelebung des antiken Tanzes. Wie vorher in Wien mit Hermann Bahr, so diskutiert sie nun in Berlin mit Karl Federn über die Probleme ihrer Kunst. Federn muß ihr den ›Zarathustra‹ vorlesen und das Tanzlied daraus ins Englische übersetzen. Er schreibt das Vorwort zu ihrem eben bei Eugen Diederichs publizierten Vortrag über den Tanz der Zukunft. – Sie studiert Beethoven, vor allem die 7. Symphonie, und erweitert ihre Gluck- und Chopinprogramme. In der ersten Maihälfte 1904 veranstaltet sie im Pariser Trocadéro drei überfüllte Beethovenabende. Die Presse ist diesmal wohlwollender: »Nicht endenwollender Beifall überschüttet die Tänze, einmalig auf der Welt durch ihre Anmut, ihre Harmonie, ihren geistvollen Adel und ihre ausdrucksvolle Kraft.«

Isadora an der Rampe: »Ich habe Fortschritte gemacht, aber noch nicht genug. Die Kunst des Tanzes ist eine wahrhaft große Sache, und ich stehe erst am Anfang ... Nächstes Jahr hoffe ich besser zu sein.«

Sie reist nach Bayreuth. Cosima Wagner hat ihr einen liebenswerten Brief geschrieben und sie eingeladen, bei den Bayreuther Festspielen das Bacchanale zum ›Tannhäuser‹ zu choreographieren und die erste Grazie zu tanzen.*

Isadora geht mit Kühnheit ans Werk. »Die Tänzer werden zu Massen, die sich in Orkanen losstürzen, im Rhythmus der wilden Wogen dieser Musik, in höchster Ekstase und toller Sinnlichkeit... Und wenn ihre furchtbare Begierde zum höchsten gesteigert ist, wenn sie den Punkt erreicht, wo jede Schranke fällt, sie sich wie ein unaufhaltsamer Strom dahinwälzen, dann bedecke ich diese Szene mit einem Nebel, so daß jeder – ohne etwas zu sehen – nach seiner Art sich eine Lösung vorstellen kann, die das reale Bild nicht zu geben vermag. Nach dieser Explosion und Wüstenei, nach dieser zerstörenden und schöpferischen Gewalt kommt der Friede. Und es sind die drei Grazien, die die Ruhe, die Ermattung der befriedigten Sinne darstellen.« Die erste dieser Grazien war Isadora – zwischen zwei Ballerinen.

In Bayreuth lernt Isadora den Kunsthistoriker Henry Thode, Cosimas Schwiegersohn, kennen. Eben ist sein ›Michelangelo‹ herausgekommen, und er arbeitet am ›Franziskus‹. Allnächtlich liest er ihr in Philippsruhe, einem kleinen Jagdschlößchen, das Isadora gemietet hat, aus Dantes ›Göttlicher Komödie‹ und dem ›Franziskus‹

* Das Bacchanale, ein Schmerzenskind der Bayreuther, war schon von Wagner nur widerwillig zu der Pariser Aufführung 1860, in Erweiterung der ›Kulissenvenus‹ der Dresdner Uraufführung, neu komponiert worden. Der Auftrag war erzwungen, aber Komposition und Instrumentierung wurden trotzdem meisterhaft, expressiv romantisch: »Wilde Schreie fleischlicher Lust, die Trunkenheit heidnischer Begierde, das Delirium des Saturnals«, schrieb der französische Musikkritiker Leroy. Lucien Petipa, zu der Zeit Ballettmeister und Choreograph der Pariser Oper, wußte mit der erregenden Musik wenig anzufangen. Wagner war entsetzt über die gehüpften Schritte und konventionellen Attitüden zu seiner kraftvollen Komposition. Viele Choreographen hatten sich inzwischen am Bacchanale versucht, u. a. 1891 die berühmte italienische Ballerina Virginia Zucchi.

›Hand in Hand‹ mit dem Philosophen Ernst Haeckel (1834-1919) in Philippsruhe, Bayreuth 1904

vor. Sie ist sein ›Traum‹, seine ›Santa Clara‹. Er benimmt sich nicht wie ein zärtlicher Liebhaber, und sie selbst spürt kein Verlangen nach körperlicher Berührung: »Meine Sinne waren in überirdische Verzückung verwandelt.« Weniger gefühlvoll, aber ebenso platonisch, ist ihr Zusammensein mit dem Monisten Ernst Haeckel, dem Verfasser der ›Welträtsel‹. Isadora hat dem verehrten Meister im Februar ›mit all ihrer Liebe‹ zu seinem 70. Geburtstag gratuliert. Haeckel dankt sehr liebenswürdig: »Als Autor der Anthropogenie würde ich entzückt sein, in den harmonischen Bewegungen Ihrer anmutigen Person das höchste Meisterwerk der entwickelnden Natur zu bewundern.« Isadora läßt sich fotografieren: sie sitzt mit Haeckels Bild in der Hand am Tisch, auf dem seine Schriften aufgebaut sind. Dies Bild schickt sie nach Jena mit den besten Wünschen ihres Herzens und einer Einladung nach Bayreuth und Philippsruhe. Sie lädt ihn ein, obwohl das katholische Haus Wahnfried nichts von dem Freigeist wissen will. Haeckel akzeptiert. In Philippsruhe gibt sie für ihren Gast einen glänzenden Abend mit den vornehmsten Festspielbesuchern. Um ihn zu ehren, hält sie eine Rede. Dann tanzt sie. Haeckel rühmt ihren Tanz als ›Ausdruck monistischer Weltanschauung‹.

Allzu hoch braucht man Isadoras platonische Zurückhaltung gegenüber den beiden Gelehrten nicht einzuschätzen; denn sie hat sich ihren Budapester Romeo nach Bayreuth kommen lassen.

Daß die wahrheitsliebende Isadora in der feierlichen Atmosphäre des Hauses Wahnfried und bei den bürgerlichen Festspielgästen Anstoß erregt, war zu erwarten. Sie fühlt sich als ›vollkommene Heidin im Kampf gegen die Philister‹. »Wüste Orgien in Philippsruhe«, flüstert man über die nächtlichen Veranstaltungen in ihrem Schlößchen, über den Besuch König Ferdinands von Bulgarien oder des Tenors von Barry. Es ist nicht verwunderlich, da sie in einem völlig durchsichtigen Kostüm – Cosima bemüht sich vergebens, es zu verhindern – auftritt oder halbnackt in griechischem Gewand und Sandalen zu Proben und Vorstellungen zum Festspielhaus geritten kommt. An Cosimas Tafelrunde doziert sie plötzlich, daß Wagners Musikdrama im Grunde Unsinn sei. Ihrer Rede folgt ein allgemeines, eisiges Schweigen, keiner antwortet ihr.

Als die Bayreuther Vorstellungen vorüber sind, fährt sie mit Romeo und ihrer amerikanischen Freundin Mary Desti nach Helgoland, dann gen Süden nach Venedig. Rastlos, ihre Begleiter zurücklassend, beginnt sie bald eine umfangreiche Deutschlandtournee. Unwiderstehlichem Drang folgend, besucht sie zunächst Thode in Heidelberg, hört seine Vorlesungen und tanzt vor den Studenten. An Thodes Seite nimmt sie stürmische Ovationen entgegen. Aber sie sieht nur ihn, ist völlig von ihm hingerissen, »doch es waren keine sexuellen Beziehungen zwischen uns ... Die geistige Ekstase, in die er mich in Bayreuth versetzt hatte, führte zu einem viel schlimmeren Zustand unbändigen Verlangens.«

5 Die Ruhelose eilt nach Berlin, wo sie an mehreren Abenden auftreten soll. Dort, wo sich auch ihre Familie, Mutter und Geschwister, niedergelassen haben, wo sie bekannt ist und wo sie gefeiert wurde, wird sie für die nächsten Jahre ihr Zuhause haben. Dort wird sie auch den ständigen Traum ihres Lebens erfüllen und eine Schule gründen. Wie immer, wenn sie materiell abgesichert scheint, taucht ihre Lieblingsidee, der Aufbau einer Schule, auf – ein alles verschlingender Moloch: die Vision, eine Unzahl von kleinen Mädchen, Hunderte, Tausende, in harmonisch-beschwingte Wesen zu verwandeln. »Ich war besessen von dem Gedanken an ein riesiges Ensemble, das Beethovens 9. Symphonie tanzen sollte. Kaum schloß ich des Nachts die Augen, bedrängten mich die Tänze mit Macht in ihrer ganzen Entfaltung. ›Wir sind da‹, tönte es, und ›Du kannst uns zum Leben erwecken.‹« Mit frischer Energie arbeitet sie in Berlin an dieser Idee. Im Grunewald, Trabener Straße 15, kauft sie eine Villa, die nun für 40 Kinder eingerichtet wird. Auf die Anzeige in der Zeitung:

»Schülerinnen gesucht, Unterricht, Wohnung, Essen frei« kommen Kinder und Eltern in hellen Scharen. Ausgesucht werden die Hübschesten, auf Gesundheit und Eignung wird weniger geachtet; sie müssen einige Bewegungen, die Isadora ihnen vormacht, nachahmen. Die Ausbildung erfolgt nach festgelegtem System, unter Berücksichtigung persönlicher Eigenart.

Die Leitung und Ausbildung der Kinder, die Führung des Hauses, übernimmt ihre Schwester Elizabeth.

Im Dezember 1904 hat Isadora das große Erlebnis, das die nächsten Jahre bestimmen wird: die Beziehung zu dem Engländer Edward Gordon Craig*. Er ist der Sohn

---

* Edward Gordon Craig, geb. Januar 1872 in Stevenage (Hertfordshire). Sohn der englischen Schauspielerin Ellen Terry und des Architekten William Dogwin.
Craig ist sein Wahlname nach einer kleinen schottischen Insel. Seit frühester Kindheit mit der Bühnenatmosphäre vertraut, tritt er mit dreizehn Jahren zum ersten Mal auf. Mit dem von der Mutter ererbten Talent und den besten körperlichen Voraussetzungen wird er Schauspieler und beginnt im Londoner Lyceum Theatre mit kleinen Rollen (1891/1892). Bald ist er einer der besten Interpreten der Shakespearegestalten. Durch seine Leidenschaft für Architektur und Malerei findet er zu graphischen Arbeiten, zum Holzschnitt, zu Kostüm- und Szenenzeichnungen. Seinen Schauspielerberuf aufgebend, wendet er sich ganz dem Bühnenbild und der Inszenierung zu. Befreundet mit Harry Graf Kessler, reist er 1903 nach Deutschland und besucht Weimar und Berlin, wo er mit dem Leiter des Lessingtheaters, Otto Brahm, über eine Inszenierung verhandelt. August 1904 kehrt er nach Berlin zurück. Die Arbeit mit Brahm kommt nicht zustande. Er wird zum Theaterreformer und Neugestalter des Bühnenbildes aus dem Geist der Dichtung. Seine Schriften und Manifeste, insbesondere sein 1905 erschienenes Buch ›Die Kunst des Theaters‹, sind die Grundlage für das Szenenbild des 20. Jahrhunderts. Craig heiratet mit 21 Jahren May Gibson (1893) und hat aus dieser Ehe eine Tochter, Rosemary, und drei Söhne, Robert, Philip und Peter. Die Ehe wird geschieden. Von seiner Freundin Jess Dorynne hat er die Tochter Kitty (1900) und mit der Violinistin Elena Meo zwei Töchter, von denen die ältere stirbt (1904), und den Sohn Edward (1905).

Die
Grunewald-
schule,
Berlin 1904

der berühmten englischen Schauspielerin des Viktorianischen Zeitalters Ellen Terry und Patenkind und Schüler des Schauspielers Henry Irving am Londoner Lyceum Theatre. Nachdem Craig trotz seiner Erfolge als Darsteller der Shakespearerollen mit 25 seine Theaterlaufbahn aufgab, hat er sich ganz graphischen Aufgaben und vor allem der Reform der Bühnengestaltung gewidmet. Mit 27 gründete er zusammen mit seinem Freund Martin Shaw eine Gesellschaft, die eine Reihe von Stücken eige-

Edward Gordon Craig (1872-1966).
Berlin 1904

ner Prägung an verschiedenen Bühnen zur Aufführung bringt. Ellen Terry ist aus künstlerischen und finanziellen Gründen an der Sache interessiert und unterstützt sie in großzügiger Weise. Craigs kostspielige Amouren erfordern ihre ständige finanzielle Hilfe. Als er Isadora kennenlernt, ist er 32.

Im Jahre 1903 sieht der in Weimar lebende Kunst- und Theaterfreund Harry Graf Kessler bei einem Besuch in London Craigs Arbeiten. Er ist so begeistert, daß er ihn nach Weimar einlädt. Im Sommer folgt Craig der Einladung nach Weimar, wo Henry van de Velde und Ludwig von Hofmann an der Kunstschule wirken. In diesem Kreis findet Craig Verständnis für seine neuen künstlerischen Ideen. Dort hört er auch zum ersten Mal von Isadora. Man macht sich über die überspannte amerikanische Barfußtänzerin lustig, die nicht wie üblich, sondern ›künstlerisch‹ tanze. Craig stellt sich eine blaustrümpfige Protestlerin mit plumpen Füßen vor.

»Eines Nachts«, so schreibt Isadora in ihren Memoiren, »als ich in Berlin tanze, kam nach der Vorstellung ein wunderschöner Mann in meine Garderobe. Aber er war sehr böse! – ›Sie sind wunderbar‹, rief er aus, ›wundervoll, aber warum haben Sie meine Idee gestohlen, wo haben Sie meine Szenerie her?‹ – ›Was reden Sie da, das sind meine eigenen blauen Vorhänge. Ich habe sie erfunden, als ich 5 Jahre alt war. Seitdem habe ich mit ihnen getanzt.‹

›Nein, es sind meine Dekoration und meine Ideen. Aber Sie sind das Wesen, das ich mir immer vorgestellt habe. Sie sind die leibhaftige Verwirklichung all meiner Träume.‹

›Aber wer sind Sie?‹ Und dann kamen aus seinem Mund die wunderbaren Worte: ›Ich bin der Sohn von Ellen Terry.‹ –

Von Ellen Terry, meinem höchsten Ideal einer Frau!

›Nun, Sie müssen mit nach Hause kommen und mit uns zu Abend essen‹, sagte meine ahnungslose Mutter, ›da Sie solches Interesse an Isadoras Kunst haben.‹«

Als Craig Jahrzehnte später dies in Isadoras Memoiren liest, notiert er in seinem persönlichen Exemplar: »Das kann Isadora nicht geschrieben haben.«

Wie so manches in den Memoiren, die erst nach dem Tode Isadoras herauskamen, ist es von Freunden oder dem Herausgeber aus egoistischen Gründen verfälscht worden und oft, um den Stoff für den Leser interessant zu machen.

Tatsächlich kennt Craig Isadora bereits, als er sie zum ersten Mal tanzen sieht. Seine Freundin Elisa von Broukkère hat ihn Anfang Dezember 1904 bei den Duncans – Mutter Dora, Bruder Augustin mit seiner Frau Sarah, Töchterchen Temple und Schwester Elizabeth – eingeführt. Craig unterhält sich den ganzen Abend über ausschließlich mit Isadora und erzählt ihr von seinen Arbeiten, die gerade in Berlin ausgestellt werden. Sie zeigt ihm Bilder ihrer Tänze und lädt ihn zu ihrem nächsten Tanzabend ein.

In den darauf folgenden Tagen führt Craig sie in die Ausstellung, um ihr seine Ideen näher zu erklären. Am 14. Dezember sieht er dann Isadora zum ersten Mal auf der Bühne. Es ist ein Chopin-Abend. Er bewundert die große Einfachheit der Bewegungen, ihre schöne Linie, die starke Dynamik. Er fühlt, daß sich hier etwas Neues kühn und selbstbewußt bahnbricht, dessen Formen seinen eigenen Ideen verwandt sind. Was er sieht, bleibt ihm unvergeßlich:

»Sie kam aus dem hinteren Vorhang hervor, der nicht höher war als sie selbst, ging nach vorne zum Pianisten, der dem Publikum den Rücken kehrte und eben ein Prélude von Chopin beendete. In 5 oder 6 Schritten war sie am Flügel und stand völlig ruhig da, als wenn sie auf das

Echo der letzten Töne lauschte. Man konnte bis 5 zählen, und die Musik begann von neuem: ein zweites Prélude oder eine Etude. Der Pianist spielte das Stück zu Ende, ohne daß Isadora die geringste Bewegung gemacht hätte. Dann ging sie einen Schritt nach hinten – oder seitlich. Die Musik begann von neuem, während sie ihre Bewegungen entwickelte, bald der Musik folgend, bald von ihr verfolgt... Sie war nicht das Echo irgendeines Choreographen, sie sprach ihre eigene Sprache.«

Nach der Vorstellung eilt Craig in Isadoras Garderobe. Noch ganz benommen sitzt er ihr gegenüber. Worte können seine Bewunderung nicht wiedergeben. Isadora, erschöpft vom Tanz, versteht sein Schweigen. Nach einer Weile zieht sie sich an, und die beiden gehen durch die winterlichen Straßen Berlins, die im Weihnachtsschmuck glitzern.

Die nächsten Tage sind voller Aufregung, wenn auch nicht von jener Turbulenz, wie sie Isadora in ihren Memoiren schildert. Sie besucht Ted – so nennen ihn seine Freunde – in seinem Studio im Siegmunds Hof. Noch 20 Jahre später erinnert sie sich – und diesmal können wir ihr glauben:

»Da stand er vor mir in seiner herrlichen, jugendlichen Schönheit mit seinem elastischen, weißen Körper. Wie der Schmetterling aus der Puppe, so warf er seine Kleider ab und erstrahlte vor meinen geblendeten Augen. Hingerissen in plötzlicher Liebe flog ich in seine Arme mit all der magnetischen Anziehung einer Leidenschaft, die zwei Jahre geruht hatte, immer im Begriff, hervorzubrechen. In ihm fand ich die mir entgegenströmende Glut gleich der meinen, in ihm fand ich Fleisch von meinem Fleisch, Blut von meinem Blut.«

Sie machen mit ihrem Berliner Freund Federsen und dessen Schwester einen lustigen, nächtlichen Ausflug nach Potsdam. Isadora führt ihre Freunde in ihre Schule.

Die nächsten Tage und Nächte bis zum 23. Dezember verbringen die Liebenden zusammen in seinem Studio. Dann reist Isadora zu ihrem Gastspiel nach St. Petersburg, wo sie von einer humanitären Organisation für zwei Vorstellungen eingeladen ist. Schon auf der Fahrt betätigt sich Isadoras große Schreiblust. Sie schreibt ihm zweimal im Zug, dann noch zwei Ansichtskarten vom Grenzaufenthalt in Wirballen. Gleich nach ihrer Ankunft beginnt sie mit ihrer täglichen Korrespondenz.*

In St. Petersburg, der Hochburg des klassischen Balletts, wird ihr Auftreten zwiespältig aufgenommen. Ihre Tänze nach der Musik Chopins finden den Beifall des Publikums, aber die Anhänger des klassischen Balletts bemängeln das Fehlen jeglicher Technik und die große Einfachheit ihrer Bewegungen. Diaghilew und Fokin, der Erneuerer des russischen Balletts, sehen sich die Vorstellungen mit größter Aufmerksamkeit an. Isadora lernt die großen Ballerinen des Kaiserlichen Theaters kennen, die Kschessinskaja, die Pawlowa, die Karsavina. Aber die glänzende Ballettvorstellung der Oper bestärkt nur ihre Abneigung gegen das klassische Ballett, die ihr verhaßten, unnatürlichen, gekünstelten Bewegungen, die die Russen in höchster Perfektion darbieten. Sie sieht sich das Training in der Kaiserlichen Ballettschule an und bedauert die Pawlowa bei ihren anstrengenden Muskelübungen unter Ausschaltung jeder geistigen Regung. In der Knabenschule tanzt sie selbst. Anatole Bourman schildert den Eindruck, den sie auf ihn und seinen Freund Nijinsky macht:

---

* Das erste Rußlandgastspiel Isadoras wird von mehreren Kritikern (Svetlov, Beaumont) auf das Jahr 1907 verlegt. Sie selbst datiert es auf Januar 1905 und bringt es in Zusammenhang mit der Beerdigung der Opfer des Demonstrationszuges des Priesters Gapon vom 22. Januar 1905. Zu dieser Zeit aber tritt Isadora in Hamburg auf. Nach der vorliegenden Korrespondenz und den Notizen fährt Isadora am 23. Dezember 1904 für eine Woche nach St. Petersburg, von wo sie Craig am 25. Dezember schreibt. Am 30. ist sie auf der Heimreise in Eydtkuhnen.

»Miss Duncan kam herein, nur mit einer hellblauen griechischen Tunika bekleidet, ihre Beine waren nackt! Wir starrten sie wie vom Donner gerührt an! Was war los? Wo waren die wehenden Röckchen, die Spitzenschühchen der Ballerinen? Wir hatten noch niemals eine Tänzerin mit nackten Beinen gesehen. Was für eine Art von Tänzerin war sie? Nijinsky und ich tauschten verwirrte Blicke und applaudierten höflich ihrer sehr eleganten Verbeugung.

Die Musik begann, aber Isadora machte nichts! Sie ließ ihren Kopf hängen, blieb bewegungslos. In Vaslaws Augen zeigte sich ein Gefühl des Mitleids: sie hat ihre Schritte vergessen! Doch nicht! In diesem Augenblick bewegte sie sich lächelnd, ging in eine Attitüde über und verharrte in dieser neuen Stellung. Es wurde immer seltsamer. Sie schritt ganz langsam vorwärts und machte eine kleine Drehung! Sie kniete nieder und erhob ihre Arme zum Himmel; dann legte sie sich auf den Boden und machte ein sehr trauriges Gesicht über diese Zwangslage. Natürlich war es qualvoll, aber als wir die Tänzerin eben bemitleiden wollten wegen der mißlichen Lage, mitten im Tanz auf den Boden herunter zu müssen, sprang sie auch schon auf und nahm eine neue Position ein, wie wir sie noch niemals auf der Welt gesehen hatten. Sie beendete diese seltsame Vorstellung, indem sie sich hinkniete, den Boden anstarrte, statt uns anzusehen, und in dieser statuenhaften Rolle blieb sie, während die Musik weiterspielte. Wir konnten es nicht verstehen. War diese Vorstellung ein Tanz? War es eine Übung, und würde sie nun plötzlich mit dem Tanz beginnen? Einige Lehrer applaudierten, und wir schlossen uns entsprechend höflich an, gehemmt durch die Seltsamkeit der Darbietung. Dann warf Isadora Duncan – die große Künstlerin, wie man uns sagte – Kußhändchen mit den Fingerspitzen zu, statt sich zu verbeugen! Sie setzte sich hin, um sich auszuruhen, als ob sie einen anstrengenden Tanz ausgeführt hätte.

Vaslaw sah mich wieder flüchtig an, ein Blick, der mehr sagte, als jeder von uns äußern durfte. Wir saßen schweigend da. Ein Junge flüsterte: ›Sie wird gleich tanzen und uns ihre Technik zeigen!‹

Keineswegs. Vier andere unheimliche Tänze waren auszuhalten. Zu unserem Erstaunen: sie hatte keine Technik. Wir waren mürrisch, enttäuscht, weil wir gehofft hatten, etwas Wunderbares von der Frau vor uns zu lernen. War sie eine Größe? Was für eine?«

Edward Gordon Craig:
Monogramm für Isadoras Briefe und Bücher,
Berlin 1905

Mit Diaghilew führt Isadora eine heftige Debatte über Ballett und modernen Tanz, an der sich auch Fokin und die Maler Benois und Bakst beteiligen. Fokin bringt den Ideen der Tänzerin das größte Interesse entgegen. Jahrzehnte später erinnert sich Diaghilew an diese Debatten:

»Ich habe Isadora in Petersburg gut gekannt und zusammen mit Fokin ihren ersten Vorstellungen beigewohnt. Fokin war begeistert, und der Einfluß der Duncan auf ihn war die grundlegende Basis seiner ganzen Schöpfung. Ich kannte Isadora ihr ganzes Leben lang, sowohl in Venedig, als sie Nijinsky heiraten wollte, als auch in Monte Carlo, wo sie mit Massine Tango tanzte und ihm klar machte, daß es sich in jedem Tanz immer um die eine Sache handle: ›nur wesentliche Bewegungen zu machen‹. Isadora hat dem klassischen Ballett in Rußland einen nicht wieder gutzumachenden Stoß versetzt.«

Isadora eilt nach Berlin zurück. Sie ist voller Sorge, weil sie von dem Geliebten auf ihre täglichen Eilbriefe und Telegramme nur einen Antwortbrief erhielt. Am 30. Dezember telegraphiert sie: »Ich werde bald zurück sein. Du bist meine ganze Sehnsucht, meine Liebe.« In Berlin angekommen, empfängt sie der Geliebte mit offenen Armen. Sie feiern Neujahr zusammen und gehen dann gemeinsam auf Tournee. Am 5. Januar 1905 tanzt Isadora in Köln, danach in Dresden, in Leipzig und Hamburg. Craigs eigene Arbeiten und Pläne treten in den Hintergrund. Er hält sich mit ihr in Belgien, Holland, Dänemark, Schweden auf. Immer aufs neue ist er von ihr begeistert: »Es würde unmöglich sein, sich einen Begriff von der Wirkung der Vorstellungen Isadoras in Deutschland zu machen. In dieser Periode ihrer tänzerischen Laufbahn war sie fraglos *die* Tänzerin der Epoche. Seit der Taglioni hatte es so etwas nicht gegeben, und seit Isadora gab es keine andere, und ich zweifle, ob Isadora jemals mehr sie selbst war, als in diesen Jahren von 1905–1910!«

Anfang Februar 1905 fahren beide nach St. Petersburg, wo Isadora einen Beethovenabend gibt. Den Petersburger Philharmonikern gelingt es nicht, Harmonie mit der Tänzerin herzustellen, und die Vorstellung ist nicht erfolgreich.

Anschließend tanzt Isadora vier Abende in Moskau. Auch hier geht es nicht ohne Buhrufe vonstatten. Isadora protestiert sehr energisch. Stanislawski, der Direktor des Moskauer Künstlertheaters, sieht sie zum ersten Mal. Es ist ihr Chopin-Programm, und er reißt mit seinem ostentativen Beifall das Publikum mit.

Zurück in Berlin beginnt Isadora eine neue Deutschlandtournee ohne Craig. Am 24. Februar schreibt sie trostlos über das Alleinsein aus Frankfurt. Weitere Briefe, oft auch zwei an einem Tag, folgen. Sehnsucht und Liebesschwüre sind ihr Hauptinhalt; dreißigmal heißt es »come« in ein paar Zeilen, »come to me, sweetheart« – und er kommt. Sie sind zusammen in Wiesbaden, Breslau, Hannover, Göttingen, Magdeburg. Sie tanzt in Brüssel und Amsterdam ohne Craig; und wieder die überschwenglichen Liebesbriefe und das Verlangen nach dem Geliebten, der sie auch diesmal in Brüssel besucht. Nach einer weiteren Deutschlandtournee verbringt sie den Herbst mit Craig in Holland. In Amsterdam schließen sie einen Manager-Kontrakt für 7 Monate, wonach Craig 50% ihrer Einnahmen erhalten soll. Isadora soll 12 Vorstellungen im Monat tanzen.

In der Grunewaldschule machen die Kinder gute Fortschritte. Im Juli schon geben sie eine Vorstellung in der Kroll-Oper, als Rahmen für Isadoras Tänze.

»Eine Gruppe von bezaubernden Lieblichkeiten ... Wir weinten und lachten vor Freude«, sagt Craig.

Die schlagfertigen Berliner bringen in den ›Lustigen Blättern‹ über die Duncan-Schule eine Umdichtung ihres alten Schlagers von der Holzauktion:

Isadora unterrichtet im Berliner Tiergartenviertel.
Karikatur von R. Wilke, 1906

»Im Grunewald, im Grunewald ist Tanzlektion!
Blanke Knie, nackte Waden
Und entblößte Achselhöhle;
Uns're klassischen Mänaden
Tanzen heut' bei Hundekehle.
Ob sie was von Orpheus wußten,
Der Mänaden fiel zur Beute? –
Gluck und andern Komponisten
Geht es auch nicht besser heute.«

Aber auch ›Ted‹ und ›Topsy‹ – so wird Isadora von Craig genannt – wird von Wastl ein langes ›Hochzeitslied‹ gewidmet, das endet:

»Frau Isa, die barfüßelndtänzelnd bezwungen
Antike, Chopin, Beethoven im Nu,
Sie hält nun in Liebe Herrn Craig umschlungen,
der Bühnenreformer und Maler dazu.

Hoch Isa! Hoch Craig! Wir sind ganz eurer Meinung.
Nun reißt vor dem Heiligtum endlich der Flor –
Hoch, hoch das Ergebnis der glücklichen Einung!
(Wir hören, es stehe schon nächstens bevor).«

Ende November stellt Isadoras Arzt ihre Schwangerschaft fest. Sie ist hocherfreut, erfüllt von dem Gedanken an die naturgewollten Aufgaben der Frau, die ihr jetzt wichtiger sind als alle Künste und jede Tanzerei. Anders Craig, der dieser neunten Vaterschaft angesichts seiner wirtschaftlichen Lage mit wenig Enthusiasmus entgegensieht. Er äußert im Laufe der nächsten Monate wiederholt sein Mißvergnügen, wenn Isadora nur an Babywäsche denkt, während er ganz in seiner künstlerischen Arbeit, in seinen Problemen aufgeht.

Das Frühjahr 1906 bringt Isadora Sorge und viel Arbeit wegen der Grunewaldschule, die alle Mittel verschlingt.

Die vornehme Berliner Gesellschaft hält sich aus moralischen Gründen zurück, nachdem Isadora in einem Vortrag in der Berliner Philharmonie die Rechte der Frau auf Liebe und Freiheit proklamiert hat.

Bis Mai kann Isadora nach ärztlichem Befund noch tanzen, und sie tut es wie nie zuvor, um die Schule aufrechtzuerhalten und um einen finanziellen Rückhalt für die kommenden Monate zu schaffen. Von Januar bis Mai tanzt sie in mehr als einem Dutzend deutscher Städte, in Holland, in Dänemark und in Schweden, zudem meist an mehreren Abenden an jedem Ort. Craig ist häufig ihr Begleiter. – Am 18. Mai tritt sie in Göteborg zum letzten Mal auf. Nach einer kurzen Erholung bei Freunden in Gautsch reist sie nach Den Haag und an die Küste, wo sie in Noordwijk die Villa ›Maria‹ mietet. Mit ihren üblichen Liebesschwüren schildert sie Craig das Refugium, in dem sie das Kind erwarten will. Er schickt ihr das Berliner Bett, und sie schläft doppelt so gut. Aber er läßt sich nur selten und dann nur für kurze Zeit bei ihr sehen. »Er war«, so schreibt sie, »sehr zurückhaltend, ruhelos, come and gone so quick.« Craig ist von seinen Aufgaben stark in Anspruch genommen, mit der neugegründeten Londoner Zeitschrift ›The Mask‹, einer Ausstellung seiner Arbeiten in Rotterdam und Verhandlungen für eine Bühnengestaltung in Amsterdam.

Isadora gibt in ihren Memoiren eine eingehende Schilderung ihrer Schwangerschaftszeit. Bald will sie allein sein, bald ruft sie die mit ihr befreundete schottische Bildhauerin Kathleen Bruce aus Paris herbei, engagiert die Nurse Marie Kist und läßt ihre kleine Nichte Temple aus der Grunewaldschule zu ihrer Gesellschaft kommen. Sie macht täglich stundenlange Spaziergänge an der See und reflektiert über die Bestimmung und höchste Aufgabe der Frau bei der Schöpfung neuen Lebens. Sie entwirft für die Grunewaldschule einen umfangreichen Tanzkodex, kommt aber immer mehr zu der Ansicht, daß alle Kunst nichts ist gegenüber der Geburt eines Kindes. Sie sieht dem immer näherrückenden Ereignis bald mit höchster Freude, bald mit tiefer Depression entgegen. Sie macht sogar einen – von Kathleen Bruce bezeugten – Selbstmordversuch, bei dem die Freundin die im Meer Stehende ins Haus zurückführt.

Endlich, am 24. September, kommt eine Tochter zur Welt. Craig eilt von Rotterdam herüber. Die beiden wählen für Craigs neunten Sprößling den irischen Namen Deirdre. Mutter und Kind reisen Ende Oktober nach Berlin, während Craig noch in Amsterdam bleibt. In der Grunewaldschule herrscht große Freude über den Nachwuchs.

Anfang November sind Isadora und Craig bei der Frau des Berliner Bankiers Mendelssohn eingeladen. Dort treffen sie die berühmte italienische Schauspielerin Eleonora Duse. Sie ist beiden seit Jahren bekannt. Die Duse bestimmt Craig, die Ausstattung einer Aufführung von Ibsens ›Rosmersholm‹ in Florenz, in der sie die Rebecca West spielen wird, zu übernehmen. Da Craig weder italienisch noch französisch spricht, die Duse kein Englisch, muß Isadora dolmetschen. Craig, Isadora und die Nurse Marie Kist mit dem Baby treffen Mitte November in Florenz ein, wo sich die Duse bereits wieder aufhält. Angesichts der Gegensätzlichkeit dieser beiden starken künstlerischen Persönlichkeiten ist Craigs Arbeit nicht leicht, zumal die Duse kein Gefühl für Zusammenarbeit hegt. Während sie sich eine realistische Dekoration im Sinne der Szenenbeschreibung Ibsens vorstellt, will Craig in ›Rosmersholm‹ ein Haus der Schatten traumhaft-mysteriös gestalten. Isadora muß die Duse durch lange Spaziergänge von der Bühne fernhalten. – Am 5. Dezember ist im Teatro alla Pergola Uraufführung. Zuschauer und Kritiker sind des Lobes voll. Auch die Duse ist von Craigs

Arbeit begeistert und schreibt ihm einen überschwenglichen Dankesbrief.

Finanzielle Schwierigkeiten zwingen Isadora zu baldigem Auftreten. Sie schickt Marie Kist mit dem Baby nach San Remo, sie selbst fährt nach Warschau, wo sie am 17. Dezember nach siebenmonatiger Pause zum ersten Mal wieder vor ein Publikum tritt. Den vier Abenden in Warschau folgt ein triumphaler Erfolg in Lodz. Ihre Schreiblust ist wieder erwacht. Zwanzig zum Teil sehr umfangreiche Briefe eilen in dieser Zeit zu Ted nach Berlin. Sie sprechen von den neuen Plänen einer Zusammenarbeit Craigs mit der Duse, den finanziellen Schwierigkeiten und Gagenfragen, da Craig immer noch ihr Manager ist, und von künstlerischen Problemen, wie der Begleitung ihres Chopin-Abends durch ein Orchester. Nie wird das Baby, das wundervolle ›Schneeglöckchen‹, vergessen, dem Craig einen Kinderwagen kaufen soll.

Anfang Januar 1907 ist Isadora kurz in Berlin, Mitte des Monats zu einem Gastspiel in Holland. Nach ihrem zweiten Abend in Amsterdam erleidet sie am 25. Januar 1907 auf der Bühne einen Schwächeanfall und muß in ihr Hotel gebracht werden. Der Arzt stellt eine Neuritis fest, körperliche und seelische Erschöpfung. Sie muß mehrere Wochen ausruhen. Craig besucht sie, wird aber durch ein Telegramm der Duse nach Berlin zurückgerufen. ›Rosmersholm‹ soll in Nizza aufgeführt werden. Am 7. Februar 1907, zwei Tage vor der Premiere, trifft Craig in Nizza ein und muß feststellen, daß seine Dekorationen wegen der geringeren Maße der Bühne zerschnitten und verkürzt wurden, wodurch die Proportionen verlorengingen. Er ist außer sich, beschimpft alle Beteiligten, insbesondere die Duse. Es kommt zu einem endgültigen Bruch mit der großen Schauspielerin. Isadora, noch nicht völlig genesen, eilt nach Nizza, aber sie kommt zu spät. Craig ist nach Monaco weitergefahren, dann nach Vence, um sich auszuruhen. Erst in Florenz, wo sein amerikanischer Freund Charles Loeser ihm eine Villa auf San Minato zur Verfügung stellt, macht er Station. Über sein Treffen mit Isadora schreibt er am 15. Februar an seinen Freund Shaw: »Sie war verquält, krank, voller Sorge, ohne Geld, völlig down.«

Craigs Flucht vor Isadora ist schon lange innerlich vorbereitet. Immer stärker drängt es ihn zu seiner eigenen Arbeit. Nach der Mappe mit den Zeichnungen von Isadora für den Insel Verlag widmet er sich seiner Zeitschrift ›The Mask‹ und besorgt die holländische Ausgabe von ›Kunst des Theaters‹. Neue Bühnenszenerien, Ausstellungen seiner Bilder und Entwürfe füllen ihn aus. Hatte der Liebesrausch Gegensätzlichkeiten und verschiedene Zielsetzungen übersehen lassen, so kommt es in den nächsten Monaten immer häufiger zu Auseinandersetzungen. »Tränenreichem Zerwürfnis«, so Isadora, folgt anfangs »jauchzende Versöhnung«, bald aber immer häufiger die das Leben bedrückende Erkenntnis der unmöglichen Verbindung »meiner Laufbahn mit seiner Liebe. Es begann das Hin und Her des wildesten Kampfes, den man sich denken kann, zwischen dem Genius Craig und meiner Begeisterung für meine eigene Kunst... Seine Eigenliebe, seine Eifersucht als Künstler erlaubte es ihm nicht, zuzugeben, daß eine Frau wirklich Künstler sein konnte.« Er hat große Ehrfurcht vor den Werken J. S. Bachs, und es wäre ihm unmöglich, sie im Theater für Geld auszubeuten, wie Isadora sich anschickt. Oft fallen harte Worte: »Warum machst du nicht Schluß mit deinem Krampf, warum stellst du dich auf die Bühne und fuchtelst mit deinen Armen in der Luft herum? Bleib lieber zu Hause und spitze mir die Bleistifte!« Er glaubte sie von Natur aus mit seiner Arbeit verbunden – oder vielleicht durch Liebe – und geeignet, das Beste aus seiner Geschicklichkeit herauszuholen.

»Aber die kleine Isadora ist wirklich sehr klein und tut, was immer ihr Impuls ihr gerade eingibt. Oft ist sie auch anders, und sie handelt richtig... Sie hat ihre Schule, reist überall in der Welt herum, wie soll sie da Zeit haben, ruhig über etwas nachzudenken oder mit mir zu arbeiten. Ich kann nicht für immer Isadoras Impresario sein, das würde mich umbringen. Ich sollte meine Arbeit aufgeben und durch die Welt mit ihr ziehen – Gott, wie hübsch – aber sie verstand nicht, daß ich das nicht konnte.«

Craig fühlt immer stärker, daß die Stunde für ihn schlägt: »Ich bin keine solch eiserne Natur, die nie zurückblickt... Oft sah ich zurück und sah gern, was ich verlassen mußte... Ich habe so herrliche Zeiten mit dir verbracht; ich werde sie nie vergessen.« Er hat seine Freiheit wiedererlangt, aber einen hohen Preis dafür bezahlt. Auch Isadora zahlt ihren Preis. »Ich betete Craig an, ich liebte ihn mit der ganzen Leidenschaft meiner künstlerischen Seele, aber ich sah ein, daß unsere Trennung unvermeidlich war. Dennoch war ich im wahnsinnigen Zustand ständiger Depression, gepeinigt von Eifersucht, für die ich wohl auch guten Grund hatte. Traumbilder von Craig in all seiner Schönheit in den Armen anderer Frauen verfolgten mich bei Nacht, bis ich nicht mehr schlafen konnte. Visionen, wie er Frauen, die ihn mit schmachtenden Augen anstarrten, seine Kunst erklärt, Visionen, wie er Gefallen an anderen Frauen findet, sie mit seinem gewinnenden Lächeln bestrickt, sich für sie interessiert, sie liebkost... All das trieb mich zu Ausbrüchen bald von Raserei, bald von Verzweiflung. Ich konnte nicht arbeiten, ich konnte nicht tanzen. Es war mir gleich, ob es dem Publikum gefiel oder nicht.«

Allein in Nizza, immer noch krank und meist bettlägerig, läßt sie ihre Mutter und Marie Kist mit dem Baby kommen. Aber schreiben kann sie noch. Täglich, oft mehrmals, gehen im Februar und März ihre Briefe nach

Beide Abbildungen:
Aus Craigs Mappe
mit den
Bewegungszeichnung
Berlin 1906

Florenz. Sie schreibt, während sie mit der Linken dem Baby die Flasche gibt. Ihre Episteln sind voller Liebesschwüre, Zärtlichkeiten, Koseworte. Gewiß, die Trennung war notwendig; nun, wo sie geschehen ist, kann sie nicht glauben, daß ihr ›kissing‹ zu Ende ist. In jedem Brief schildert sie die kleinsten Regungen und einmaligen Vorzüge ihres herrlichen Kindes. Sie versteht nicht, daß Craig das herzlich wenig interessiert.

Endlich, am 30. März, kann sie nach Holland aufbrechen und das in Amsterdam abgebrochene Gastspiel fortsetzen. Sie tanzt in Amsterdam, im Haag, in Utrecht, in Leiden und Haarlem. Die zweite Aprilhälfte verbringt sie in Berlin und trifft sich dann Anfang Mai mit Craig, der noch immer ihr Manager ist, in Stockholm. Es ist die erste Zusammenkunft der beiden nach der Trennung in Nizza. Isadora gibt acht Vorstellungen in der Zeit vom 4. bis 15. Mai. Dann reisen sie zusammen über Heidelberg, Berlin nach Florenz zurück. Vor der Trennung werden in Heidelberg Beschlüsse gefaßt, neue Verträge gemacht. Craig hat den wiederholten Wunsch Isadoras zu gemeinsamer künstlerischer Arbeit in Verbindung mit ihren Auftritten stets abgelehnt.

Darstellerische Szenen, zwischen den Tänzen, etwa aus den Shakespeare-Stücken, wären bei der meist enthusiastischen Begeisterung für Isadora nicht beim Publikum angekommen. Nun denkt Craig an eine Einfügung von Marionetten, die in ihrer Gegensätzlichkeit zu den Tänzen einen Publikumserfolg versprechen würden. Craig soll die Arbeit mit mehreren Schnitzern in Florenz beginnen. Isadora verspricht von ihren Einkünften aus der bevorstehenden Deutschlandtournee wöchentlich 1000 Mark für diese Arbeiten zu senden. Nach Beendigung der Tournee soll sie mit den notwendigen Mitteln nach Florenz zurückkommen. – Craig engagiert zwei Facharbeiter und geht an die Arbeit. Aber es kommt kein

Geld von Isadora, keine Nachricht, keine Entschuldigung. Craig schreibt ihr – keine Antwort. Er gibt Elizabeth, diesem ›Être dangereuse‹, alle Schuld. Sie fürchtet, nicht genügend Mittel für die Schule zu bekommen, wenn Craig so viel Geld erhält. Auch die anderen ›agreements‹, die in Heidelberg über mehrjährige Tourneen getroffen wurden, Verträge, die nicht unterzeichnet sind, werden von Isadora ignoriert. Sie schreibt im Laufe des Jahres 1907 etwa 50 Briefe, in denen von Geld die Rede ist, von den Bedürfnissen Craigs, von der schlechten Sommersaison und natürlich wie immer von dem wundervollen Baby ›Schneeglöckchen‹, aber sie erwähnen nie die Heidelberger Absprachen. Craig ist außer sich: »Ich habe es ihr niemals verziehen; alle Liebe zwischen uns war vorbei.« Er sieht in ihrem Verhalten eine Mißachtung seiner Arbeit.

Im Juni beginnt sie unter der Leitung von Bruder Augustin mit der Deutschlandtournee: Berlin, Mannheim, Baden-Baden, Wiesbaden, Kiel, Bad Neuenahr, Hamburg, München. Die Gastspielreise wird auf die Schweiz ausgedehnt: Bern, Luzern, Interlaken, Zürich.

In Venedig, wo sie sich erholt, beschwört sie Craig mit jeder Nachricht, sie zu besuchen. Da er nicht eintrifft, fährt sie kurz entschlossen zu ihm nach Florenz. Sie bleibt nur wenige Stunden. Es ist der unglücklichste Tag ihres Lebens. Sie schreibt: »Du erfüllst mich mit Sehnsucht und Schmerz, die furchtbar sind. Ich hätte lieber sterben sollen als Florenz verlassen.« Nach diesem Treffen soll nur der Zufall beide noch ein paarmal zusammenführen. Isadora stürzt sich in eine neue Tournee. Am 7. Oktober tanzt sie in Den Haag, dann in Groningen und in Utrecht, am 20. Oktober in München, im November an drei Abenden in Warschau, Ende des Monats in Stuttgart. Zur Jahreswende fährt sie von Berlin nach St. Petersburg zu ihrem dritten Gastspiel in Rußland.

In ihren Memoiren verbindet Isadora mit dieser Rußlandreise ein weiteres amouröses Abenteuer; ob Wahrheit, Isadoras oder des Herausgebers Erfindung zum Amusement der Leser, ist nicht feststellbar. Auch die Meinung von Irma Duncan, die damals 10 Jahre alt war und sich daran zu erinnern glaubt, ist kein Beweis. »Ich härmte mich ab, ich wollte vor Kummer sterben, ich mußte ein Heilmittel finden und dachte an die Kunst der Homöopathen. Aber wie alles kommt, was wir so stark herbeiwünschen, so fand sich das Heilmittel. Eines Nachmittags kam er zu mir herein, schön, jung, blond, vorzüglich gekleidet. Er sagt: ›Meine Freunde nennen mich Pim.‹«

Die Fragen Isadoras nach Beruf, Lebensziel, Ideen, beantwortet Pim negativ; seine einzige Tätigkeit ist das Sammeln von Schnupftabakdosen aus dem 18. Jahrhundert. Doch Pim wird wirklich ihr Heilmittel. Er begleitet sie auf der erwähnten Rußland-Tournee. Da Pims Mutter und seine leidenschaftliche frühere Geliebte ihn nicht fortlassen wollen, gibt es eine abenteuerliche nächtliche Flucht aus Amsterdam, im dichten Nebel entlang den Grachten, von der Geliebten Pims mit einem geladenen Revolver verfolgt. Der Verfolgung glücklich entronnen, stellt sich schmerzlicher Ärger mit dem Nachtportier des Hotels ein, der die Liebenden Isadora und Pim nicht zusammen schlafen läßt, da sie nicht verheiratet sind. Er hält Wache und verhindert alle Versuche des Zusammenseins. Am nächsten Morgen nehmen sie den ›Rapide‹ nach St. Petersburg, wo sie mit Pims 18 Koffern glückselig ankommen; sie hat nie eine so schöne Reise gehabt. Der Inhalt der Koffer läßt Pim täglich in anderer Garderobe erscheinen. Immer tadellos: ein ›arbiter elegantiarum‹. Der holländische Maler Van Vley hat sein Portrait vor einem Hintergrund goldener, purpurner und rosiger Tulpen gemalt. »Und wirklich, seine ganze Erscheinung hat

Tanzunterricht bei Isadora in München.
Karikatur von E. Kneip 1910

das frische Aussehen eines Beetes von Frühlingstulpen; seine Lippen sind wie rosa Tulpen, und wenn er mich umarmte, fühlte ich mich, als ob ich dahinschwebte auf einem Bett von 1000 Tulpen im holländischen Frühling. Pim war ohne intellektuellen Komplex, er gab mir Vergnügen für den Augenblick. Die früheren Liebschaften waren romantisch, ideal, schmerzlich. Pim brachte mir Vergnügen, reines Vergnügen, und das gerade in der Zeit, wo ich es am meisten brauchte. Ohne seine Hilfe wäre ich in hoffnungslose Neurasthenie verfallen. Seine Gegenwart gab mir neues Leben, neue Vitalität... Ich vergaß meinen Kummer, lebte für den Augenblick, war sorglos und glücklich. Infolgedessen sprudelten meine Vorstellungen mit neuer Lebendigkeit und Freude«, so Isadora in ihren Memoiren.

Aber in einer Reihe damaliger Briefe aus St. Petersburg an Craig heißt es anders. »Ich liebe dich«, schreibt sie, »teuerstes Herz, ich liebe dich immer, bin und will immer deine Topsy sein! Liebe dich, mein Liebster, möchte dich sehen! Sende mir ein Wort! Sag' Topsy! Schreib' mir, wenn es auch nur eine Zeile ist! Als ich vor drei Jahren hier war, hatte ich Sehnsucht, zu Dir zu kommen, aber diese Sehnsucht war gering gegenüber der, die ich jetzt fühle.«

Sie berichtet von ihrem Besuch im Theater und bei den Rembrandts, die er ihr damals in der Ermitage gezeigt hatte. Sie kauft Bücher und liest die Geschichte Iwans des Schrecklichen, Gorkis ›La Mère‹ und andere russische Autoren wie Tolstoi, Turgenjew und Tschechow. Sie nimmt Kurse in schwedischer Gymnastik und macht ausgedehnte Schlittenfahrten. Sie ist mit ihrem Manager Magnus und Reportern zusammen, um über Craig und seine Kunst zu sprechen. Alles erinnert an den Geliebten. »Du bist immer in meinen Gedanken, außer wenn ich stark getrunken habe und in lustiger Gesellschaft weile, die ich jetzt aufsuche, wenn ich in völliger Verzweiflung bin.«

Nach vier Vorstellungen fährt sie am 10. Januar 1909 nach Moskau, wo sie zum ersten Mal mit Konstantin Stanislawski, dem künstlerischen Leiter des Moskauer Künstlertheaters, persönlich zusammentrifft.

6 Isadora besucht das Künstlertheater, das sie weit mehr interessiert als die Petersburger Ballettvorstellungen. Sie begeistert sich so sehr für Stanislawski, daß sie in ihm ein gottgesandtes Genie sieht, und glaubt endlich den starken Mann und Künstler gefunden zu haben, nach dem sie sich immer sehnte. Aber der Ahnungslose entflieht ihren stürmischen Umarmungen und Liebkosungen. Sie muß ihre aufgepeitschten Nerven in der Sauna beruhigen.

Stanislawski beschäftigt sich viel mit Isadoras Ideen und meint: »Es war nicht immer leicht, ihr zu folgen. Sie verstand es nicht, über ihre Kunst logisch und systematisch zu sprechen. Die großen Gedanken kamen ihr zufällig und durch ganz unerwartete alltägliche Geschehnisse. Als man sie fragte, bei wem sie tanzen gelernt habe: ›Bei Terpsichore. Ich tanze, seitdem ich auf den Füßen stehen kann, und mein ganzes Leben habe ich getanzt. Der Mensch, alle Leute, die ganze Welt müssen tanzen, das war immer so und wird immer so bleiben. Nur vergeblich werden sie das verhindern. Wollten sie doch dieses uns von der Natur selbst mitgegebene Bedürfnis nur verstehen! Et voilà tout‹, endete die Künstlerin in ihrem amerikanischen Französisch.«

Stanislawski erinnert sich weiter: »Ein anderes Mal, als sie von einem gerade beendeten Auftritt berichtet, erklärte sie: ›Bevor ich auf die Bühne gehe, muß ich mir in die Seele einen Motor einbauen; er beginnt im Inneren zu arbeiten, und dann bewegen sich die Beine, Hände und

Rumpf unabhängig von meinem Willen ganz von selbst. Doch ohne diese seelische Vorbereitung kann ich nicht tanzen.‹ Zu jener Zeit suchte auch ich diesen schöpferischen Motor, den der Schauspieler vor dem Auftritt in seine Seele zu legen verstehen muß. Es ist natürlich, daß ich, da ich mich in dieser Frage auskannte, die Duncan während der Vorführung und der Proben genau beobachtete, wie sie sich vor dem aufkeimenden Gefühl zunächst im Gesicht veränderte, dann aber mit funkelnden Augen zur Offenbarung dessen überging, was ihre Seele verbarg. Als ich das Fazit aus all unseren zufälligen Gesprächen über die Kunst zog und das von ihr Erwähnte mit dem verglich, was ich selbst tat, verstand ich, daß wir dasselbe suchten, nur auf verschiedenen Gebieten der Kunst.« Isadora erzählt Stanislawski wiederholt von den Arbeiten Craigs, seinen Theaterplänen und fortschrittlichen künstlerischen Ideen. Sie möchte die Zusammenarbeit der beiden Genies herbeiführen und findet die Zustimmung Stanislawskis, dem Craig kein Unbekannter ist. Auch Stanislawski sucht die Mitarbeit Craigs an seinem Theater und möchte ihn dazu nach Moskau holen. Isadora vermittelt die schriftliche Verbindung der beiden Künstler. Es kommt zu einem Vertrag über die Inszenierung des Hamlet, womit Craig im Mai 1908 beginnen soll.

Wie immer, wenn es ihr materiell einigermaßen gut geht, verfällt sie auch jetzt wieder ihrer Schulvision. Energisch arbeitet sie nach ihrer Rückkehr in ihrer Grunewaldschule. Diese hat sich in den drei Jahren ihres Bestehens nicht in der gehofften Weise entwickelt; sie ist nicht über ihr Anfangsstadium hinausgewachsen. Isadora hat fast die ganzen, oft beträchtlichen Einnahmen ihrer Gastspiele – sie verdient in ihrer Laufbahn ungefähr drei Millionen Goldmark – in dieses Projekt investiert. Zwar gibt auch die Schulhilfsgesellschaft Beiträge und Spenden, aber von seiten des Staates fehlt jede Unterstützung. Das bürokratische preußische Regierungssystem macht nur Schwierigkeiten und verbietet das öffentliche Auftreten der minderjährigen Schülerinnen. Immer wieder ziehen sich sittenstrenge Angehörige der vornehmen Gesellschaft zurück, weil sie über die freie Lebensweise der Duncan-Schwestern entsetzt sind. Isadora sieht ein, daß sie in Berlin nicht weiterkommt, daß sie die Verwirklichung ihrer Idee anderswo suchen muß. Zunächst denkt sie an Rußland. Sie bildet eine Gruppe der älteren Berliner Schülerinnen mit besonderer Sorgfalt aus, studiert mit ihnen, neben anderen Tänzen, einige Chöre aus Glucks ›Iphigenie in Aulis‹ ein und fährt mit ihnen und Elizabeth nach Petersburg – es ist die vierte Rußlandreise.

Am 23. Februar 1908 findet im Mariynsky Theater mit den Kindern ein Galaabend statt. Sie tanzt ihre ›Iphigenie in Aulis‹. Der Beifall ist beeindruckend. Die Kinder werden von der St. Petersburger Gesellschaft und den großen Tänzerinnen verwöhnt. Nach zweiwöchigem Aufenthalt finden weitere Aufführungen in Helsingfors, Warschau und Lodz statt. Überall finden sie den gleichen Zuspruch. Aber weder von privater noch von behördlicher Seite wird Isadora die geringste Unterstützung für die Einrichtung einer Schule in Aussicht gestellt. Das klassische Ballett genießt Vorrang, und für eine Schule Duncanscher Art ist kein Interesse. Auch die Hoffnung Isadoras auf Stanislawski erfüllt sich nicht. Er sieht keine Möglichkeit, ihre Tanzschule mit seinem Kunsttheater zu verbinden, zumal seine Mittel beschränkt sind.

Mit dem Manager der Duse in Rußland, Zeller, schließt Isadora einen Vertrag für Gastspiele in Kiew, Odessa, Charkow und Rostow, ihre fünfte Rußlandtournee.

Im August 1908 ist sie mit den Kindern in London und versucht, wie in Rußland, Interesse für ein Schulprojekt zu wecken. Die Aufnahme ist zwar freundlich, aber sie findet auch hier keine Hilfe oder Zuschüsse für die Verwirklichung ihrer Idee, obwohl die früheren Freunde Hallé und seine Künstler, die vornehme Gesellschaft Londons, Lady Ripon, die Herzoginnen von Manchester und Connaught, das englische Königspaar, von ihren Aufführungen begeistert sind. Ellen Terry ruft ganz hingerissen ins Publikum: »Haben Sie begriffen, daß dies der unvergleichlich schönste Tanz in der Welt ist? Würdigen Sie, was diese Frau für Sie tut, die Ihnen die Schönheit der Kunst des Altertums wiederbringt!«

Nicht ganz London teilt diese enthusiastische Begeisterung. Das weniger kunstverständige Publikum und ein Teil der Presse stellen Vergleiche an mit der zur selben Zeit in London auftretenden kanadischen Tänzerin Maud Allan. Die Allan ist fünf Jahre jünger als Isadora und hat sich an der Berliner Musikhochschule und bei Busoni in Weimar als Pianistin ausbilden lassen. Sie beschäftigte sich auch mit den Theorien Delsartes und will durch Körperkultur und Training ihren Körper zum Ausdrucksmittel des Seelischen machen. Auch sie begeistert sich für griechische Vasenbilder und für Botticellis Primavera. 1903 tritt sie zum ersten Mal in Wien auf. Sie ›interpretiert‹ Mendelssohns ›Frühlingslied‹, Griegs ›Tanz der Gnomen‹, Rubinsteins ›Valse caprice‹, mehrere Bach- und Chopinkompositionen, Johann Strauß' ›Blaue Donau‹. Ihre Glanznummer ist die ›Vision der Salome‹, ein Musikstück des Belgiers Marcel Remy nach östlichen Liedern. Seit vier Monaten tritt sie allabendlich als Salome im Londoner Palace Theatre auf. In der Presse streitet man, welche der beiden Tänzerinnen schöner, welche musikalischer sei, insbesondere ob die Allan die Duncan nachahme. Es wird versichert, daß sie Isadoras Tänze in Berlin genau studiert habe, und die Fachkreise sehen sie als eine schwache Kopie Isadoras an. Der russische Kritiker Svetlov spricht von sklavischer Nachahmung, ja fast

Maud Allan (1883-1956),
Frühlingstanz
›Imitation esclave d'Isadora,
mais presque caricature‹
(Svetlov)

von Karikatur Isadoras, während Carl van Vechten in New York, trotz aller Ähnlichkeit mit ihren Vorgängerinnen, bei der Allan ein stärkeres Gefühl für Rhythmus feststellt.

Isadoras Auftritte in London werden wegen des großen Erfolges bis Ende Juli ausgedehnt, aber für den Aufbau einer Schule erreicht sie nichts. Ihre Finanzlage zwingt sie, die Schülerinnen mit Elizabeth nach Paris zu schikken, wo sie durch eine Gönnerin Aufnahme in einer Dépendance des Schlosses Villegennise in Verrierès finden. Sie selbst fährt im August mit dem Manager Charles Frohman nach New York zu ihrer ersten Amerikatournee. Sie will Craig veranlassen, mitzukommen, um dort einige Millionäre für sich zu gewinnen, aber er telegraphiert ab: »Wenn du Millionäre findest, behalte sie für dich! Schöne und glückliche Reise und Heimkehr!«

7 10 Jahre sind vergangen, seit Isadora zum erstenmal in der Carnegie Hall aufgetreten ist – inzwischen hat sie Europa erobert. Wie wird ihr Heimatland sie aufnehmen? Was werden die Amerikaner zu ihrer Kunst sagen? In dem New Yorker Criterion Theater tanzt sie mit einem kleinen Orchester Glucks Iphigenie und die 7. Symphonie von Beethoven. Das Theater bleibt leer. Draußen herrscht glühende Augusthitze, und in New York ist zur Zeit keine Theatersaison. Der Beifall ist gering, die wenigen Kritiken sind unerfreulich. Sie hält ihre Rückkehr nach Amerika für einen Fehlschlag. Bei einer anschließenden Tournee durch eine Reihe von Städten ist der Mißerfolg noch größer. Der Manager Frohman verzweifelt: »Die Amerikaner verstehen Ihre Kunst nicht, sie geht über ihren Horizont. Fahren Sie nach Europa zurück.« Isadora ist empört über seinen Kleinmut, zerreißt ihren Vertrag vor seinen Augen und bleibt. Mut machen ihr einige Künstler, Maler und Dichter aus Greenwich Vil-

lage, die keine ihrer Vorstellungen versäumen. Unter ihnen ist der Bildhauer George Grey Barnard, mit dem sie bald innige Freundschaft schließt. Er möchte ihre Kunst unbedingt in Amerika durchsetzen. Auf seinen Rat hin mietet sie ein Studio, entwirft neue Tänze und gibt Abende für Künstler und Kunstfreunde. Für den Dirigenten Walter Damrosch bedeuten Isadoras Tänze eine Offenbarung über die im Tiefsten vorhandene Verbindung zwischen Musik und Pantomime. Auch Isadora fühlt, daß sie und Damrosch sich einander ergänzen, und sie schließt sich ihm und seinem Orchester von 80 Musikern an. Nach einer Vorstellungsserie in der Metropolitan Opera machen sie eine erste gemeinsame Tournee durch Amerika. Der Erfolg ist außerordentlich. Die New Yorker ›Sunday News‹ schreibt:

»Miss Duncans Tanz hat einen besonderen Charme und eine eigene Ausdruckskraft. Er ist Tanz und Pantomime zugleich und bewegt sich lose hin und her auf der kaum fühlbaren Linie, welche beides trennt. Sie selbst ist nicht sonderlich beschenkt mit Schönheit des Gesichtes oder der Figur, und sie hilft wenig nach durch kostümliche Aufmachung oder szenische Umrahmung. Ihre Kostüme sind allereinfachst und der Hintergrund eintönige Behänge. Ihr ganzer Eindruck wird durch die Anmut und die Bedeutung ihrer Körperbewegungen erzielt. Was ihre Bedeutung ist, wie z. B. in den letzten drei Sätzen von Beethovens Symphonie, die sie tanzt, wird dem Zuschauer nicht genau und nicht im einzelnen klar gemacht. Noch fühlt man da eine gewisse Härte in ihrer Schilderung. Sie spricht ihre eigene Sprache und drückt Stimmung und Verlangen aus.« Über den Tanz von Beethovens 7. Symphonie sind auch die Kritiker nicht einig. Einer meint, er könne Isadoras Kunst nicht höher rühmen, als wenn er sage, daß sie die Würde und Schönheit von Beethovens unsterblichem Werk in keiner Weise verletzt habe. Ein anderer behauptet, es sei kein Liebhaber der Symphonie im Saal gewesen, der nicht die tiefe Erniedrigung der herrlichen Schöpfung Beethovens bedauert habe.

Nach jeder Vorstellung tritt Isadora an die Rampe und hält eine Ansprache an das Publikum, in der sie ihre Ideen über den Tanz und über die Notwendigkeit von Tanzschulen in ihrem Sinne auseinandersetzt. Aber ihre Werbung findet bei den Besuchern keinen Anklang. Als einige Provinzblätter von Indezenz ihres Kostüms schreiben, sieht sich Präsident Roosevelt die Vorstellung in Washington an. Er ist begeistert und beruhigt seine bedenklichen Minister: »Sie kam mir vor wie ein unschuldiges Kind, das in der Morgensonne durch den Garten tanzt und in seiner Fantasie die schönsten Blumen pflückt.«

In ihren Memoiren gibt Isadora eine dramatische Schilderung ihrer Arbeit mit dem Damrosch Orchester und der Wirkung der Musik eines so großen Orchesters auf ihr Inneres, ihre Emotionen: »Kraftvoll, gewaltsam, geschwellt wie die Segel im Wind, reißen mich die Bewegungen meines Tanzes vorwärts – weiter und aufwärts, und ich fühle eine gewaltige Macht in mir, die auf die Musik lauscht, meinen ganzen Körper durchströmt und nach einem Ausweg des Gehörten sucht. Bisweilen wuchs diese Macht furchtbar an, bisweilen machte sie mich rasend und schüttelte mich, bis mein Herz fast zerbrach in diesem Schmerz, und ich glaubte, die letzte Stunde meines Erdendaseins sei da. Ein anderes Mal gärte es gewaltig, und ich empfand plötzlich einen solchen Schmerz, daß ich meine Arme zum Himmel emporstreckte und Hilfe von dort erflehte, von wo mir keine Hilfe kommen konnte. Oft dachte ich bei mir, wie falsch es ist, mich Tänzerin zu nennen: ich bin das magnetische Zentrum, den emotionalen Ausdruck des Orchesters zu vermitteln. Von meiner Seele gingen glühende Strahlen aus, um mich mit meinem zitternden, bebenden Orchester zu verbinden.«

Wie immer, wenn Isadora mit einem Genie zusammentrifft, ist der Liebesgott in ihrer Begleitung. Aber diesmal geht ihr Wunsch nicht in Erfüllung. Der angebetete Barnard, das Objekt ihrer Sehnsucht, lebt nur für seine Kunst. Die starke gegenseitige Verehrung führt die beiden oft im Atelier des Künstlers zusammen, und Barnard beginnt mit einer großen Plastik von ihr, ›American dancing‹. Jeden Morgen erscheint Isadora zur Sitzung, bereit, Seele und Körper für die Inspiration des Künstlers hinzugeben, aber Barnard ist von fanatischer Tugend. Isadora resigniert: »Leb wohl, nicht für immer, denn deine Freundschaft war eine der schönsten und heiligsten Dinge meines Lebens. Auf Wiedersehen und denk an mich; in dieser Erinnerung sollst du in Zukunft noch große Werke schaffen!« Barnard sieht ihr beim Abschied lange nach und sinniert: »Die ungewöhnlichste Frau der Welt.« ›American dancing‹ wird nie fertiggestellt.

Isadora kehrt nach Europa zurück. Paris ist ihr Ziel. Ihr Bankkonto ist beträchtlich angewachsen, man spricht von 250000 Dollar, aber alte Schulden, aufwendige Reisen und der Unterhalt der Schülerinnen zehren es bald auf.

8 Im Januar 1909 ist Isadora in Paris angelangt. Elizabeth erwartet sie mit 20 Schülerinnen und der kleinen Deirdre. Der Manager Lugné-Pöe, Leiter des Théâtre de l'Œuvre und Freund der Duse, arrangiert im Théâtre Lyrique Municipal de la Gaîte im März eine Reihe von Vorstellungen mit dem berühmten Orchester Colonne für ›Miss Isadora Duncan et son école d'enfants‹. Die Kinder, zu den ›Isadorables‹ – wie ein französischer Dichter sie nennt – herangewachsen, tanzen in Glucks ›Iphigenie in Aulis‹ und im 3. Teil der ›Iphigenie auf Tauris‹. Craig protestiert gegen Isadoras Bühnendekoration der blauen Vorhänge. Er behauptet, sie habe die früheren Pilaster zwischen den Vorhängen weggelassen und sich so seine Dekoration eines nichtunterbrochenen Runds angeeignet. Er bezeichnet dies als ›piracy‹, als Räuberei.

Emile Antoine Bourdelle,
Bas-relief (Isadora und Nijinsky). An der Fassade des Théâtre des Champs Elysées. Paris 1913

Emile Antoine Bourdelle: Kopfstudie zum Bas-relief am Théâtre des Champs Elysées, Paris

Die Beziehungen zu den Pariser Künstlern, Malern, Bildhauern, Dichtern, Schriftstellern, Schauspielern werden erneuert. Für Mounet-Sully hegt sie tiefe Verehrung. Mit ihm besucht sie – als Bacchantin – den alljährlichen Künstlerball, tanzt die ganze Nacht mit ihm, für ihn, um ihn, und man erzählt sich, ihr Benehmen sei skandalös gewesen. Isadora meinte, »es war wirklich ganz unschuldig, und ich verschaffte diesem Künstler ein paar wohlverdiente Stunden Zerstreuung«.

Eugène Paris Singer
›Lohengrin‹.
Paris 1909

Mehrere Mappen entstehen mit Zeichnungen ihrer Tänze, so von Jean-Paul Lafitte, von André de Segonzac und von Grandjean, der eine Serie von 25 bunten Pastellfaksimiles herausgibt. Bourdelle veröffentlicht Zeichnungen, Aquarelle und Plastiken von Isadora und bringt am Theater des Champs-Elysées ein Relief an, das sie zusammen mit Nijinsky zeigt.

Einer ihrer Bewunderer, der englische Millionär Paris Eugène Singer – sie nennt ihn ›Lohengrin‹ –, erscheint eines Abends in ihrer Garderobe und bietet ihr seine Hilfe an. Es ist die Rettung aus den ständigen Geldnöten. Der damals 42jährige Singer – nach seinem Geburtsort Paris genannt – ist das 23. Kind des amerikanischen Nähmaschinenmagnaten Isaac Singer. Er ist zwar verheiratet und Vater von fünf Kindern, verfügt aber über so umfangreiche Mittel, daß er sich die sehr kostspielige Liebe zu Isadora leisten kann. Für sie ist er kein gefährliches Genie, hat aber – schlank, blond, von bester Erziehung und weltmännischen Manieren – einen Charme, der sie anzieht. Sie wird sich bemühen, sein künstlerisches Verständnis zu vertiefen und ein soziales Empfinden in ihm zu wecken. Singers Liebe zu Isadora und sein unerschütterlicher Glaube an ihre Kunst stehen außer Zweifel. Er beweist es unzählige Male durch seine Hilfsbereitschaft. Auch die gelegentlichen Zornesausbrüche entspringen einer leidenschaftlichen Liebe und Eifersucht. Sie werden von Isadora leichtfertig provoziert; Rücksichtnahme auf die Gefühle ihres Liebhabers kennt sie nicht. Bei dem Mangel an Gegenliebe muß man Singers Langmut bewundern.

Nach Beendigung des Gastspiels in der Gaîté Lyrique bringt Singer Elizabeth und die Schülerinnen in seine Villa nach Beaulieu und macht selbst mit Isadora und Deirdre auf seiner Luxusjacht Isis eine Mittelmeerreise nach Neapel, Pompeji, Paestum. Der maßlose Luxus an

Bord – im Gegensatz zu der Lage der Mannschaft – reizt Isadoras soziales Gefühl. Ihre offenherzigen, antikapitalistischen Reden sind keineswegs feinfühlig gegenüber ihrem Liebhaber, dessen Geldbeutel sie so ausgiebig in Anspruch nimmt. Es kommt zu einem heftigen Disput, als sie das berühmte Gedicht ihres geliebten Walt Whitman ›Song of the open road‹, das Hohelied des Vagabunden, der seine Sache auf nichts gestellt hat, vorliest. Singer hat kein Gefühl für die romantische Philosophie der Landstraße; auf den Bürger, den Geschäftsmann, den Millionär wirkt sie abstoßend, destruktiv und gefährlich.

Nach Paris zurückgekehrt, gibt Isadora ein erneutes Gastspiel in der Gaîté Lyrique und macht im April eine kurze Rußlandtournee. In St. Petersburg trifft sie Craig, der mit Stanislawski an der Hamlet-Inszenierung arbeitet. Das ganze Theater ist begeistert von Craigs Vorträgen über seine Theaterformen und künstlerischen Ideen. Alle Schauspielerinnen sind in ihn verliebt: auch Isadora ist wie immer von ihm angetan, aber da ist noch Stanislawski, der seine alte Anziehungskraft auf sie ausübt. Sie plaudert mit Craig über ihr Erlebnis mit ihm beim letzten Moskauer Besuch. Er meint, sie habe sich damals hurenhaft benommen. Am Abend vor ihrer Weiterreise nach Kiew lädt sie Stanislawski, Craig und ihre Sekretärin zu einem intimen Dinner in ihrem Hotelzimmer ein. Der Champagner versetzt sie in Hochstimmung, sie liebkost Stanislawski nach Herzenslust. Wütend darüber stürzt sich Craig auf die Sekretärin und verschwindet mit ihr im Nebenzimmer. Der Nachtzug nach Kiew wird versäumt. Der brave Stanislawski ist über die Besucher aus dem Westen sehr schockiert.

Wieder in Paris, findet Isadora bei Singer Liebe und Verwöhnung. Sie kreuzt mit ihm auf der Isis an der bretonischen Küste entlang und fährt im September an den Lido nach Venedig. Dort trifft sie Diaghilew und Nijinsky.

Sie äußert den freimütigen Wunsch, von Nijinsky ein Kind zu haben. Er aber lächelt nur, als ihm Diaghilew das überraschende Angebot übersetzt. – Isadora nimmt die Ablehnung nicht tragisch, denn schon hier spürt sie Anzeichen erneuter Schwangerschaft. Im Oktober reist sie zu einem weiteren Gastspiel nach Amerika. Singer begleitet sie. Sie tritt wieder mit Walter Damrosch und seinem Symphonieorchester auf, auch diesmal mit großem Erfolg. Künstler und Dichter feiern sie. Witter Bynner und Percy MacKaye veröffentlichen Gedichte über ihren Tanz. Der Schauspieler Jakob Adler läßt sie in seinem Theater auftreten und schreibt im Programm: »Ich hatte immer gedacht, daß Tanzen ein leichtes Vergnügen, eine lustige, bisweilen auch vulgäre Sache sei, oft auch etwas, das die sinnlichen Triebe reize, so daß unsere jüdischen Moralgesetze es vor Zeiten verboten haben. Bei ihr war aber Erregung und Anregung zugleich. Ich sah, daß sie eins der seltenen Wesen auf der Welt ist und daß ihre Art in kraftvoller Weise vollkommen macht, was sonst entmutigend und unvollkommen ist.« – Carl van Vechten, der führende Kritiker, sieht ihre ›Iphigenie‹: »Glucks ›Iphigenie in Aulis‹ wurde getanzt, aber der Chor der Priesterinnen aus ›Iphigenie auf Tauris‹ wurde von der Tänzerin in seiner ursprünglichen Absicht und Bedeutung stark verändert... Sie ist am besten in den Tänzen, in denen sie Leben, Freude und Bewegung wiedergibt. Hier kann sie sicher sein, den Zuschauern ihr Wollen mitzuteilen. Das Bacchanale, mit dem sie das Programm beendete, zeigte ihr bestes Können. Das Spiel der Arme im Moderato und Allegro, in dem die Mädchen von Chalkis mit Ball und Knöcheln am Strand spielen, war eines ihrer wirkungsvollsten Stücke.« Wenig später spricht er von der viel diskutierten 7. Symphonie Beethovens: »Die Musikberichterstatter haben es aufgegeben, gegen die verdrehte Verwendung der 7. Symphonie zu protestieren,

Paris um 1910

eine Verwendung, an die Beethoven sicher nicht dachte, als er sie schrieb. Daß Wagner sie die ›Apotheose des Tanzes‹ nannte, ist kein genügender Grund, sie nun auch zu tanzen.

Indessen – wenn man es als selbstverständlich annimmt, daß die Duncan das Recht hat, nach jeder beliebigen Musik zu tanzen, kann kein Zweifel sein, daß sie einen sehr großen Eindruck hinterließ. Selten war sie poetischer, lebendiger in ihrem Ausdruck der Freude, plastischer in den Posen, rhythmischer in ihrer Wirkung als gestern. Wagners Titel für die Symphonie kann für die Duncan als passend gelten. Wie immer war sie am eindrucksvollsten in den Tänzen mit starker Bewegung. Einen ihrer tollsten Tänze beendet sie mit ausgestreckten Armen und so weit zurückgeworfenem Kopf, daß man ihn nicht immer sieht und sie der kopflosen Nike von Samothrake gleicht.«

Nach drei Monaten muß sie das Gastspiel abbrechen. Zu offensichtlich ist ihre Schwangerschaft. Gerade ihren Fruchtbarkeitstanz finden die Amerikanerinnen jetzt unmöglich. Den Winter verbringt sie mit Singer und Deirdre in Ägypten. Am 1. Mai 1910 wird in Beaulieu der Sohn Patrick geboren. Isadora teilt Ernst Haeckel in Jena die Geburt mit: »Der Junge wird ein Monist, und in ihm wird vielleicht, wer weiß es, etwas von Ihrem großen und wundervollen Geist sein. Wir wollen es hoffen.« Singers Heiratspläne lehnt sie mit Rücksicht auf ihre künstlerische Laufbahn ab, willigt aber ein, drei Monate versuchsweise mit ihm auf seinem englischen Schloß Paignton in Devonshire zu verbringen. Isadora muß über diese Probe auf ihre Ehetauglichkeit lachen. Schon nach ein paar Wochen verzweifelt sie in tödlicher Langeweile. Singer läßt den Ballsaal des Schlosses zum Studio für sie herrichten und den ersten Pianisten des Orchesters Colonne, André Capelet, aus Paris kommen. Anfangs hat sie eine Abneigung gegen diesen Musiker. Aber er ist ein Genie, und Genies üben immer ›eine fatale Anziehungskraft‹ auf sie aus. Haß und Abneigung werden plötzlich zu leidenschaftlicher Liebe. Die beiden brauchen keine Verstellungskünste und Heimlichkeiten vorzutäuschen, denn Singer ist krank und hütet das Zimmer. Er belauscht dennoch das Liebesgeflüster durch eine Telefonanlage, und es kommt zu einer heftigen Auseinandersetzung. Über Nacht macht sich Isadora mit dem Musiker auf und davon. Zehn Tage sind die beiden glücklich, dann läßt die Leidenschaft nach, und Isadora kehrt zurück. Das Experiment der Probezeit für die Ehe ist mißglückt.

Isadora scheint fest entschlossen, nur noch für ihre Kunst zu leben, die zwar ein harter Arbeitgeber, aber weit dankbarer ist als die Menschen. Im Herbst stellt sie im Pariser Théâtre Châtelet einen neuen Gluck- und Wagner-Abend vor. Es ist das Programm für ihre Amerika-Tournee im Frühjahr 1911. Glucks ›Orpheus‹ sehen die Amerikaner nun zum erstenmal. Carl van Vechten schreibt: »Im ersten Akt stellt die Duncan im langen fließenden Gewand in Grau eine der Begleiterinnen des Orpheus dar. Haltung und Bewegung drücken tiefsten Schmerz aus. Es war in der ersten Szene des zweiten Aktes im Hades, die ganz dargestellt wurde, daß die Duncan als eine der Furien begeisterten Beifall der Zuschauer erhielt. Sie gab die sich allmählich steigernde Bewegung der Furien wieder, vom schrecklichen ›Nein‹ am Anfang bis zum Ende, wenn die Furien Orpheus erlauben, die elysischen Gefilde zu betreten. Der Tanz der Furien, mit dem diese Szene abschließt, war eine bemerkenswerte Tanzdarbietung, ein Zeugnis hoher schöpferischer Fantasie.«

Der Wagner-Abend besteht aus Prélude und Isoldes Liebestod aus ›Tristan‹, dem Tannhäuser-Bacchanale und dem ›Tanz der Lehrlinge‹ aus den Meistersingern. Besonders dieser Lehrlingstanz findet große Zustimmung.

Isadora nennt dieses Amerika-Gastspiel »eine Apologie heidnischer Liebe«. In ihrer Zimmerflucht im Plaza Hotel feiert sie ausgiebig mit ihren Freunden. Es wird getafelt, getrunken, gesungen, geliebt. »Vorbei sind die Tage mit einem Glas Milch und Kants Kritik der reinen Vernunft. Jetzt finde ich es natürlicher, Champagner zu trinken mit einem hübschen Jungen, der mir sagt, wie schön ich bin. Der göttlich-heidnische Körper, die leidenschaftlichen Lippen, umschlingende Arme, der süße wohltuende Schlaf an der Schulter des Geliebten: ... Warum sollst du, wenn die Gelegenheit sich bietet, der höchsten Lust entsagen? ... Jawohl, ich bin Heidin, laßt mich Heidin sein!«

Die Orgien bleiben kein Geheimnis, und sie schaden dem Ruf Isadoras. Man glaubt nicht mehr an die Ernsthaftigkeit ihrer Ansprachen, ihrer sozialen Vorschläge und ihrer Ideen über die Notwendigkeit und Ethik von Tanzschulen. Sie aber redet immer heftiger, immer aggressiver gegen die Gleichgültigkeit des Publikums. Die Presse schreibt: »Isadora greift die Reichen an« und berichtet von den kritischen Bemerkungen der Tänzerin über das mangelnde Verständnis der Amerikaner.

9 Isadora erwirbt 1909 in Neuilly an der Seine das große Atelier und den herrlichen alten Garten von dem Freskomaler Henri Gervex. Mit dem Pariser Modeschöpfer Paul Poiret richtet sie das Haus als Studio und Wohnung ein. Samtene Vorhänge und Portieren, Spiegel in schweren vergoldeten Rahmen, Diwane mit Bergen von Kissen in orientalischen oder etruskischen Mustern geben ihrem Boudoir die schwüle Atmosphäre der ›Domäne der Circe‹. Das Ganze ist ein vollendetes Muster des Jugendstils. Die Kinder wohnen mit ihrer Nurse in einem Gartenpavillon. Neuilly wird der Treffpunkt der Pariser Künstler. Henri Bataille, Berthe Wady, Gabriel Pierné, Cécile Sorel, D'Annunzio, Bourdelle, Cal-

Emile Antoine Bourdelle.
Studie für ein Denkmal Isadoras in Falcon, 1911

mette, Rodin und viele andere sind häufige Gäste. Isadora und Singer veranstalten prunkvolle orientalische Feste, bei denen das Studio in einen tropischen Garten oder in ein persisches Zelt verwandelt wird. Aus aller Welt kommen Freunde zu diesen berühmten Veranstaltungen, und es fehlt nicht an Bewunderung und Huldigung für die liebenswürdige Gastgeberin. D'Annunzio, ›der größte Liebhaber der Welt‹, der seine Geliebten wie Indianer ihre Skalps an seinem Gürtel aufreihen möchte, versucht wiederholt auch Isadora zu gewinnen; aber sie bleibt diesem Genius gegenüber standhaft. Sie will ihre Freundin Eleonore Duse nicht kränken, die schon genügend Kummer durch D'Annunzios Beziehung zu Caroline Otero gehabt hat. Ein heroischer Impuls, der weder durch Blumen, Gedichte noch billets doux an die »vielgeliebte, süße Freundin« noch durch Bewunderung ihrer engelhaften Hände erschüttert wird. D'Annunzio weiß sehr geschickt zu schmeicheln: »Nur mit Ihnen, Isadora, kann man allein in der Natur sein. Alle anderen Frauen wirken störend in der Landschaft. Sie allein sind ein Teil von ihr. Sie sind ein Teil der Bäume, des Himmels. Sie sind die herrschende Göttin der Natur.«

Mit dem befreundeten Pianisten Hener Skene studiert sie für Paris und für eine Deutschlandtournee neue Tänze nach Chopin, Beethoven und Wagner ein. Dann erholt sie sich mit Singer in Ägypten. Der Architekt Louis Sue arbeitet einen Plan für ein eigenes Duncan-Theater aus, das an der Rue de Berry für Isadora gebaut werden soll. Craig, der ursprünglich Singers Gestaltungsauftrag angenommen hat, lehnt seine Mitarbeit ab, da sie ihm mit seinen künstlerischen Prinzipien nicht vereinbar scheint.

Sue besichtigt mit Isadora eine Reihe deutscher Theater und entwirft ein schönes Modell. Aber der Erste Weltkrieg zerstört alle Pläne.

Im Dezember 1912 kommt es auf einem Fest in Neuilly zum ersten schweren Bruch mit Singer. Er ist eifersüchtig auf Henri Bataille und gerät in Wut, als er ihn mit Isadora in ihrem Boudoir auf dem vergoldeten Diwan überrascht. Ohne Abschied verläßt er das Haus und verreist für mehrere Monate nach Ägypten.

Mit Deirdre und Patrick, Paris 1912.
Im Gegensatz zu den Fotos des Amerikaners Arnold Genthe, die Craig ›not very remarcable‹ – nicht gerade besonders – findet, hält er das Bild Isadoras mit den Kindern für eins der besten von ihr, vor allem durch die hübsche Haltung Deirdres

Im Januar 1913 ist Isadora mit Skene in Rußland. Auf dem Rückweg tanzt sie in Berlin. Der Dichter Hans Brandenburg sieht sie dort: »Der erste Teil ihrer Programme hatte einen bewußten Aufbau, was musikalisch durch die Staffelung von Chopinschen Nocturnes über Etuden und Präludien zu Mazurken und Walzern und in der Anwendung des Lichtes durch ein allmähliches Tagwerden aus Finsternis über blaue Dämmerung zu strahlendem Gelb gekennzeichnet war. Tänzerisch wuchs der Teil aus dem Nichts, aus bloßem Stehen, über die Urelemente der Bewegung zu immer reicherer Bewegtheit, und anfangs war dieser Idee zuliebe gar zu wenig gegeben, bloße gymnastische Studien und Vorstudien, die eigentlich nur hinter die Kulissen gehören. Immerhin vollzog sich dadurch vor unseren Augen das Wunder, wie ein jugendlicher, schwerer und gar nicht schöner Körper im Tanze unendliche Schönheit und Leichtigkeit erhält, nur dadurch, daß er völlig beherrscht, durchgearbeitet und vergeistigt ist ... Sie gab zu Wagners fünf Liedern sentimentale Gebärden-Illustrationen, die improvisiert wirkten und bei denen man den Eindruck hatte: sie ›schwitzt‹ Gefühl. Auch die Erfindung versagte hier erschreckend. Nun wäre die Duncan freilich nicht die große Frau, die sie ist, wenn sie nicht auch Gefühl, Erfindung und Geschmack besäße, aber der Intellekt und der Idealismus des Willens sind bei ihr weitaus überwiegend – oft genug auf Kosten der drei genannten Eigenschaften.«

Dieses Frühjahr bringt Isadora in Paris großen Erfolg mit Glucks ›Orpheus‹ und mit ›Iphigenie‹. Mounet-Sully und der berühmte Tenor Plamadon sowie die Schülerinnen von der Darmstädter Marienhöhe wirken mit. Der künstlerische Höhepunkt ist erreicht und das Glück mit ihren Kindern im herrlichen Haus vollkommen. Trotzdem leidet Isadora seit Wochen an starken Depressionen. Träume und unerklärliche Ahnungen beunruhigen sie.

Paris, April 1913

Als der Arzt ihr wegen Nervosität ländliche Ruhe verordnet, zieht sie mit den Kindern nach Versailles. Singer kündigt seine Rückkehr an. Er kehrt zurück, der Zwist ist vergessen. Da er die Kinder wiedersehen möchte, treffen sie sich zu einem vergnüglichen Essen in Paris. Es ist der 19. April. Nach Tisch fährt Isadora mit den Kindern und der Nurse nach Neuilly, wo sie an ihrem Studio aussteigt, während die anderen nach Versailles weiterfahren. Nach etwa hundert Metern biegt der Wagen auf die Uferstraße längs der Seine ein, muß einem anderen Auto ausweichen und kommt zum Stehen. Der Chauffeur steigt aus, ohne die Bremse anzuziehen und den Gang herauszunehmen, schließt die Tür hinter sich und kurbelt den Motor wieder an. Der Wagen macht einen Ruck nach vorne und rollt in die Seine. Der Chauffeur kann ihn nicht aufhalten, stürzt zu Boden. Passanten alarmieren die Feuerwehr, die große Mühe hat, den abgetriebenen Wagen herauszuholen. Als man nach etwa eineinhalb Stunden die Tür des Fahrzeugs öffnet, findet man drei Leichen, die Kinder in den Armen der Nurse eng umschlungen. Die Opfer werden ins nahegelegene amerikanische Hospital gebracht. Die Nurse und Deirdre sind schon erstarrt, Wiederbelebungsversuche an Patrick haben keinen Erfolg. Nachts überführt man mit Genehmigung der Ortsbehörde die drei Särge vom Hospital ins Studio. Augustin teilt Isadora das Unfaßbare mit. Sie ist wie versteinert. Der herbeigerufene Singer stürzt sich ihr weinend zu Füßen, sie findet keine Tränen. Erst als die Totenklage des Orpheus, vom Orchester Colonne gespielt, das Haus erschüttert, kommt sie zu sich und wird sich des traurigen Geschehens bewußt.*

---

* Bourdelle besucht Isadora am Tag nach dem Tod der Kinder, um sie zu trösten. Nach Hause zurückgekehrt, fertigt er drei Zeichnungen von ihr an: ›Douleur d'Isadora‹, ›Deuil maternel‹, ›Douleur de Mme Duncan‹. (Im Besitz des Musée Bourdelle, Paris)

Harry Graf Kessler schreibt an Craig einen Brief über die Trauerfeier in dem mit weißem Flieder und Rosen ausgeschlagenen Studio: »Die bewegendste Trauerfeier, die ich je sah. Ausgewählte Musik, Griegs ›Ases Tod‹, dann ein Stück von Mozart und von Bach... Die arme Isadora kniete verborgen hinter ihrer Schwester und den beiden Brüdern auf dem Balkon. Dann wurden die Särge herausgetragen durch den Garten, ganz bestreut mit Gänseblumen und Jasmin zu dem weißen Leichenwagen, gezogen von weißen Pferden. Alles war von einem wunderbaren Geschmack und vornehmer Beherrschung. Ich habe nicht mit Isadora gesprochen über die Tragödie, aber Bruder Augustin sagte mir, daß sie großartig mutig, und Freunde, die sie gesehen hatten, erzählten mir, daß sie wirklich heroisch sei, die andern tröstend... Jeder in Paris ist bis in die Tiefe seines Herzens bewegt durch diese Tragödie. Maillol, den ich gestern sah und der Isadora kaum kennt, hatte Tränen in den Augen...«

Isadora vermag die unzähligen Telegramme und Briefe, die vielen Zeichen der Teilnahme ihrer Freunde aus Paris, aus der ganzen Welt kaum zu lesen, aber den wunderbaren Brief von Craig aus Florenz liest sie immer wieder:

»Und wie ich bei dir bin, eins mit dir, was soll ich mehr sagen. Laß die Trauer uns nicht überwältigen um etwas – denn wo sollen wir anfangen. Du und ich sind einsam – nur das. Und was auch immer kommt – oder noch kommen mag – du und ich müssen einsam bleiben. – Das ist unser Geheimnis. Ich küsse dein Herz.« Sie antwortet ihm in »ewiger unsterblicher Liebe«, daß seine Worte ihr Trost gebracht haben. Anderen schreibt sie: »Meine Freunde haben mir geholfen, zu verwirklichen, was mich allein trösten konnte, daß alle Männer meine Brüder, alle Frauen meine Schwestern und alle kleinen Kinder auf der Welt meine Kinder sind.«

10 Nachdem die quälenden Pompes funèbres und die Einäscherung vorüber sind, bringen Elizabeth und Augustin Isadora nach Korfu. Hier, in der Einsamkeit, kommt ihr die Schwere des Verlusts erst richtig zu Bewußtsein. Sie macht stundenlange Spaziergänge, zermartert sich in schlaflosen Nächten, immer hört sie die Stimmen der Kinder. Sie schreibt an Craig, an Sue, an Maurevert, ruft Singer aus London herbei. Dieser weilt für kurze Zeit bei ihr, und sie reden in einem fort über das traurige Ereignis. Nichts bringt Erleichterung. »...Ich weiß, daß ich in Wirklichkeit mit meinen Kindern gestorben bin. Ich sehe nicht, was übrig blieb. Ich habe immer gewußt, daß die Kinder der beste Teil meines Lebens waren, alle Freude, Kraft und Inspiration meiner Kunst. Jetzt fühle ich, daß mein Leben und meine Kunst mit ihnen gestorben sind.« In Neuilly hatten nur die kleinen Schülerinnen sie vom Selbstmord abhalten können. »Ich muß weiterleben für die, die mich lieben, aber es ist wirklich eine Tortur, zu schrecklich. Was soll ich machen?« Ihr Haar wird grau; in der Verzweiflung schneidet sie es ab und wirft es ins Meer.

Sie reist nach Albanien, wo Raymond und seine Frau Penelope sich der hungernden albanischen Flüchtlinge annehmen. Sie will helfen, aber vermag es nicht; das eigene Leid ist zu groß. Doch sie gibt eine Schrift heraus für das Hilfswerk der hungernden Kinder in Epirus und läßt Gaben in Neuilly sammeln. Mit Penelope fährt sie nach Konstantinopel. Unterwegs kümmert sie sich um einen jungen Mann, der den Verlust seines geliebten Freundes nicht verschmerzen kann. Sie hat solcher Liebe immer Verständnis entgegengebracht und ihre Verurteilung durch die Gesellschaft für absurd gehalten. Über die Schweiz kehrt sie nach Neuilly zurück, hält es aber bei den Erinnerungen nicht aus. Skenes Spiel verursacht ihr einen Weinkrampf.

Sie rast mit dem Auto nach Italien, ist bald in Venedig, bald in Rimini, in Florenz und wieder an der Küste, dann auf Einladung Eleonore Duses in Viareggio. Sie eilt zu dem rosa Häuschen der Duse auf dem Weinberg in Fossa dell'Abate. Die Duse nimmt sie in ihre Arme und schaut sie mit unendlicher Zärtlichkeit an. Sie meint, Isadora dürfe nicht vergessen, sondern müsse ihr von Deirdre und Patrick erzählen. Sie verlangt, ihre Bilder zu sehen, und preßt sie mit Tränen in den Augen ans Herz. Sie weint mit der verzweifelten Mutter, und zum erstenmal hat Isadora das Gefühl, in ihrem Schmerz nicht allein zu sein. Immer, wenn es die schwankende Gesundheit der Duse erlaubt, sind die Frauen zusammen; fast täglich werden Briefchen und Blumen ausgetauscht.

Ein Flügel wird besorgt und Skene herbeigerufen. Abends spielt er den Frauen vor: Beethoven, Chopin, Schumann. Die Duse singt schwermütig italienische Lieder und Beethovens ›In questa tomba oscura‹. Eines Abends, als Skene Beethovens ›Sonata pathétique‹ spielt, springt Isadora auf und tanzt, zum erstenmal seit jenem verhängnisvollen Tag. Die Duse umarmt sie, bestürmt sie, zu ihrer Kunst als einziger Retterin zurückzukehren.

Wie die Liebe immer Isadoras beste Arznei in allem Leid ist, so auch am Strand der Toscana. Dem Meer entstiegen, steht er plötzlich vor ihr, schön wie die Gestalten Michelangelos an der Sixtinischen Decke. Sie zögert nicht, ihn anzuflehen: »Give me a child«, ein Kind möchte sie von ihm. Die Nacht verbringt er bei ihr, und in seinen kräftigen jugendlichen Armen wird sie dem Leben wiedergegeben. Angelo ist ein italienischer Bildhauer und natürlich ein ›Genie‹, ein zweiter Michelangelo.*

---

* Nach den Bemerkungen Craigs war Angelo keineswegs ein Genie, sondern nur ein mittelmäßiger kleiner Bildhauer. Er lebte in Florenz, wo Craig ihn des öfteren sah, ohne von der Beziehung zu Isadora zu wissen. Er war, im Gegensatz zu den übrigen Freunden Isadoras, nach Craigs Meinung ein ›Prolet‹.

Aber ihr Angelo ist verlobt. Er gesteht es ihr in einem sehr nüchternen Abschiedsbrief. Sie ist keineswegs untröstlich, denn sie fühlt bereits, daß ihr Wunsch in Erfüllung geht. Als sie es der Duse mitteilt, ruft diese erschüttert: »Isadora, glauben Sie nicht mehr an die Seligkeit? Sie tragen das Mal der Gezeichneten auf der Stirn. Das, was Ihnen geschah, ist nur der Anfang. Versuchen Sie Ihr Geschick nicht länger!« Sie findet Isadora erschreckend und bewundernswert zugleich. An ihren Freund Lugné-Pöe in Paris schreibt sie:

»...Sie, die Mutter, sprach stundenlang von der Erscheinung ihrer Kinder, aber ihr Kummer war gedämpft, sanft, gefaßt und ruhig. Sie wollte mit ihren beiden Kindern zusammen gewesen sein – auch über das Leben hinaus – sie Hand in Hand gesehen haben, lächelnd im Tode! Und sie war ganz von dem Wunsch erfüllt, sie noch einmal lebend zu sehen! Was für eine Kühnheit, welche Kraft, was für eine Torheit, was für ein Adel, welch qualvoller Irrtum, welch großartige Frische des Herzens.

Ich verstehe das nicht, wo diese Frau doch ihr Leben wiederaufbauen will.

Dies großartige, gefährliche Geschöpf kann nicht verstehen, daß es ›Unwiederbringliches‹ gibt. Ihre Weitherzigkeit ist ebenso groß wie ihre irrige Einbildungskraft.

Das ›Unwiederbringliche‹, das nichtsdestoweniger den Klang des Lebens erhöht, – – nein – – das gerade sieht sie nicht, und sie möchte sich zurückstürzen ins Leben, ins blutige Leben, um was wiederzusehen? – – Das Lächeln des toten Kindes im Lächeln eines anderen Kindes, das ihr gehören soll.

Leider bin ich so kleinmütig und habe kein Verständnis für dieses Wollen, diese Narrheit, diese letzte Wahrheit.

Isadora Duncan ihrerseits hat eine ungeheure Stärke – – – größer als selbst das Leben.«

Henner Skene erweist sich als treuer Freund. Er verbringt den Spätherbst mit Isadora in Florenz und den Winter in Rom.

In der Zwischenzeit, im Herbst 1913, kommt es zur Schließung der Grunewaldschule. Elizabeth siedelt mit den Schülerinnen für kurze Zeit nach Frankfurt am Main und dann auf Einladung des Großherzogs von Hessen nach Darmstadt auf die Marienhöhe über. Sie nennt die Schule nun ›Elizabeth-Duncan-Schule‹. Isadora ist über Elizabeths Eigenmächtigkeiten sehr verärgert.

Ende des Jahres ruft Singer sie nach Paris zurück. Er hat dort den Pavillon Paillard des Hotels Bellevue, ein großes Haus mit Terrassen und Garten, gekauft, um eine Schule für Isadora einzurichten. Sie ist begeistert von dem Plan. Endlich wird ihr Traum, ›der Tempel des Tanzes der Zukunft‹, verwirklicht. Sie eilt nach Paris. 50 Kinder werden ausgesucht, untergebracht, eingekleidet und unterrichtet. Schon nach drei Monaten haben die kleinen Mädchen solche Fortschritte gemacht, daß man sie bald im Trocadéro auftreten lassen kann. Das Lob Bourdelles und Rodins, die häufig mit ihrem Zeichenblock bei ihr weilen, der Beifall der Zuschauer erfüllen Isadora mit neuer Hoffnung. Aber schon im Juli – während sie und Singer mit dem Architekten Sue die Pläne für das eigene Theater erneut beraten, lähmen die düsteren Anzeichen des Weltkriegs die Arbeit. Vorsorglich läßt Singer die Kinder auf sein Schloß nach England bringen.

Während auf den Pariser Straßen unter Trommelwirbeln die Mobilmachung verkündet wird, kommt Isadoras zweiter Sohn zur Welt. Aber der übergroßen Freude folgt bald herbe Enttäuschung. Das Kind stirbt nach einigen Stunden. Für Isadora ist es ein Höllensturz, in dem sie den Tod der anderen Kinder noch einmal erlebt: »Ich lag da, hilflos und zerrissen; ein dreifacher Strom von Tränen, Milch und Blut floß aus mir.«

11 Die neue Prüfung geht unter in der großen Tragödie, die die Menschheit mit dem Krieg betroffen hat. Bellevue wird Kriegslazarett. Der Kunsttempel verwandelt sich in einen Kalvarienberg des Märtyrertums.

Wie viele Pariser, so verläßt auch Isadora die Stadt und geht nach Deauville. Dort, im Hotel Normandie, trifft sie viele Bekannte wie Sacha Guitry und den Comte Robert de Montesquiou.* Sie unterhalten abends die Gesellschaft. Isadora erbaut sich an den Gedichten, die der Comte rezitiert. Als sie einen Arzt braucht, erscheint André, der seinerzeit in Neuilly Wiederbelebungsversuche an Patrick vorgenommen hat. Er verordnet ihr zur seelischen Genesung Liebe, nichts als Liebe, seine Liebe, und sie erwidert sie mit der schmerzhaften Kraft einer verwundeten Seele. Ihr Verhältnis wird durch jenes traurige Geschehen, das sie verbindet, gesteigert.

Auch Singers Schloß Paignton wird Kriegslazarett, und die Schülerinnen ziehen mit Elizabeth weiter nach New York. Isadora folgt ihnen Mitte Oktober.

Mit Singers Hilfe richtet Isadora in Manhattan, im ehemaligen Polytechnischen Institut, ein großes Studio ein, das ›Dionysian‹. Sie dekoriert es in der gewohnten Weise mit ihren Vorhängen und Teppichen, mit Sofas und Kissen. Alte und neue Freunde kommen: Percy MacKaye, Witter Bynner, Mary Roberts, Ellen Terry, Barnard, Walter Lippmann, John Collier, Pianisten, Sänger und Dichter. Mit ihnen gibt sie eine eigene Zeitschrift heraus,

---

* Comte Robert de Montesquiou-Fezensac (1855–1921) ist weniger durch seine eigenen Gedichte und Prosawerke bekannt, als durch das Bild, das Marcel Proust in seinem Werk ›Auf der Suche nach der verlorenen Zeit‹ insbesondere in ›Sodom und Gomorrha‹ als Monsieur de Charlus von ihm entworfen hat. – Montesquiou war eine typische Erscheinung der Pariser Gesellschaft der Belle Epoque und mit allen bedeutenden Persönlichkeiten dieser Zeit bekannt oder befreundet. Sein Biograph Philippe Julian läßt Isadora in Trouville den Wunsch äußern, ein Kind von ihm zu haben, kaum glaubhaft bei ihrer Kenntnis des Comte, der als rosenbekränzter Anakreon oder als Marie Antoinette auf den Bällen erscheint.

das ›Dionysian Magazine‹, dem aber keine lange Dauer beschieden ist.* Isadora tanzt im April 1915 mit ihren Schülerinnen in der Metropolitan Opera. Es ist ihr viertes Gastspiel in Amerika. Den Schluß der Vorstellung bildet die Marseillaise. Wieder ist Carl van Vechten ein temperamentvoller Beobachter:

»Sie steht da in ein blutrotes Gewand gehüllt; sie sieht den Feind heranrücken; sie fühlt, wie er sie an der Kehle packt; sie küßt ihre Fahne; sie schmeckt Blut; sie wird niedergerissen von der Wucht des Angriffs. Dann aber springt sie auf, triumphierend mit dem furchtbaren Ruf: ›Aux armes, citoyens‹! Ihren Effekt erreicht sie zum Teil durch ihre Gesten, zum Teil durch die Wucht ihres Körpers, hauptsächlich aber durch ihren Gesichtsausdruck. Im Angstzustand gibt sie keinen Ton von sich, nur das Orchester spielt, aber das gräßliche Getöse von hundert heiseren Stimmen dringt an unser Ohr. Wir sehen Félicien Rops' ›Rache‹ lebendig werden, wir sehen die ›sansculottes‹ hinter den Karren der Aristokratie auf dem Weg zum Schafott... und endlich sehen wir die erhabene Ruhe, die majestätisch dahinwallende Kraft der Siegesgöttin von Samothrake...«

Ein anderer Kritiker scheibt:

»Ihre verzückten Posen ahmten die klassischen Figuren des Arc de Triomphe in Paris nach. Ihre Schultern waren nackt und ebenso eine Seite bis zur Hüfte in der Pose, mit der sie die Zuschauer durch Darstellung der schönen Figuren von Rude hinriß.«

---

*Um einen Zuschuß von der Stadt New York für ihre Schule zu erhalten, lädt sie den Bürgermeister der Stadt und wichtige Magistratsmitglieder zu einer Vorstellung in die Schule ein. Aber sie verdirbt alles durch eine geharnischte Apologie für die Kindesmörderin Ida Sniffen Rogers, deren Kriminalfall eben Öffentlichkeit und Presse leidenschaftlich beschäftigt. Isadora befürwortet, wie schon vorher in der Presse, die Freilassung der Angeklagten, die sich mit ihren Kindern vergiften wollte, aber überlebte, während die Kinder starben. Die Gäste brechen schockiert auf und denken nicht an eine Hilfeleistung für Isadoras Schule.

Weniger Erfolg hat sie mit ihren Tanzschöpfungen nach Bibeltexten und Werken aus der Antike, mit der Ödipustragödie, mit ›Iphigenie in Aulis‹. Sie bildet dabei mit ihren Schülerinnen den Chor, neben achtzig Musikern und hundert Sängerinnen. Aber das Century Theatre am Central Park wird schlecht besucht. Das Publikum zeigt kein Interesse, und Isadora erleidet erheblichen finanziellen Verlust. Nur ihre Chopin-Abende mit George Copland sind beliebt. – Am Schluß jeder Vorstellung hält sie ihre Ansprache. Sie ruft die gleichgültige amerikanische Jugend zum Kampf für die europäische Kultur auf; und wieder ›attackiert‹ sie die Reichen, die nichts für den Aufbau ihrer Schule tun wollen, weil sie Dummköpfe sind, die ihre Kunst nicht würdigen können. »Mein Werk wird allein von den Leuten auf der Galerie verstanden, weil sie intelligent sind.«

Infolge der Verluste im Century Theatre ist Isadoras finanzielle Lage katastrophal; sie hat enorme Schulden, die ihre Rückreise nach Europa verzögern. Schließlich werden einige reiche Gönner aufgetrieben, die ihre Verpflichtungen und das Reisegeld für sie und die Schülerinnen zahlen. Im letzten Augenblick vor Abfahrt des Dampfers bringt ihr die Freundin Ruth Mitchell noch 2000 Dollar. Die Reise führt sie über Neapel nach Zürich und Lausanne. In Ouchy werden die Schülerinnen in einer Pension einquartiert, ein früheres Restaurant mit geräumiger Baracke wird in Studio und Vorstellungsraum verwandelt. In ihrem Hotel Beaurivage lernt Isadora eine Gruppe hübscher italienischer Playboys kennen, in deren Motorboot sie sich nachts auf dem Genfer See amüsiert. Aber ihr Ziel ist Griechenland, wo sie auf dem Kopanos das Kriegsende abwarten möchte. So fährt sie eines Nachts mit dem Anführer der Jeunesse dorée in seinem Mercedes nach Italien, nach Rom, nach Neapel. Von dort geht es mit dem Dampfer in Richtung Athen.

Aber aus der Ruhe auf dem Kopanos wird nichts. Sie gerät mitten in eine Revolution hinein. König Konstantin hat sich soeben von Venizelos, der den Anschluß an die Alliierten sucht, getrennt. Isadora ergreift Partei für Venizelos. Erregt durch eine deutsche Kundgebung im Hotel Angleterre, stürmt sie mit ihren Freunden auf den Syntagmaplatz, hält eine Rede für Venizelos – die meisten verstehen ihre Sprache nicht – und tanzt die Marseillaise nach ihrem Koffergrammophon. Dann zieht sie, ihren roten Schal schwenkend, zum Haus des Ministers. Volk läuft zusammen, folgt ihr, aber schnell schon löst sich die Menschenmenge auf. Sie schickt Venizelos einen Blumenstrauß hinein. Er läßt sich nicht sehen, übermittelt ihr nur einige Dankeszeilen. Sie sieht ein, daß sie jetzt in Griechenland nicht mehr bleiben kann, und kehrt in die Schweiz zurück. Mit geliehenem Geld bezahlt sie die Pension der Schülerinnen. Ihr nächstes Ziel ist Paris.

12 Den Winter verbringt Isadora in Paris im Kreise der Freunde. Sie hat eine große Wohnung gemietet, in der sie Künstler, Urlauber von der Front, Verwundete aus dem Bellevue-Lazarett und hungernde Bohemiens bewirtet. Als ihr wegen der rückständigen Miete die Pfändung droht, bringen Freunde ihre wertvollen Carrière-Gemälde in Sicherheit. Im April 1916 tanzt sie bei einer Wohltätigkeitsveranstaltung im Trocadéro. Es ist ihr erster Auftritt in Paris nach dem Tod der Kinder. César Francks ›Rédemption‹, die 6. Symphonie von Tschaikowsky und die ›Marseillaise‹ stehen auf dem Programm. Der französische Pianist Maurice Dumesnil dirigiert. Es wird zum größten künstlerischen Ereignis während des Krieges. Das riesige Theater ist überfüllt, alles, was in Paris Rang und Namen hat, ist zugegen. Drei Stunden dauert die Vorstellung, und noch immer müssen Mazurkas, Walzer und Préludes wiederholt werden. Als Zugaben tanzt sie Isoldes Tod und den Walkürenritt von Wagner. Der Beifall nimmt kein Ende. Rodin ruft: »Diese Frau ist ein vollendeter Tempel.« Der Dichter Fernand Divoire spricht von der ›toute grande‹ und schreibt einen Artikel über ihre Ästhetik. Isadora selbst meint: »Ich glaube, es war die beste Vorstellung meines Lebens.« – Der Abend muß wiederholt werden. Sie reist aber zuvor nach Genf, wo sie zweimal auftritt. Dort sieht Mary Wigman ihre Vorstellung. Sie ist von Isadoras Tanz nicht beeindruckt. Er vermochte ihr für ihre Kunst nichts zu geben. Nach einem Abend in Lausanne und nachdem Isadora von ihrem Honorar die Pensionsrechnungen ihrer Schülerinnen erneut bezahlen konnte, kehrt sie nach Paris zurück.

Die Kritik über die Pariser Vorstellungen ist geteilt: Antoine Banés schreibt im ›Figaro‹:

»Ihre rhythmischen Anlehnungen, die nach oben gerichteten Augen und die unaufhörlich ausgestreckten Arme sind höchst ärgerlich. Man weiß im voraus genau, in welchem Augenblick sie diese bekannten Attitüden bringt. Durch den simplen Gesichtsausdruck und die automatischen Gesten wird Isoldes Tod beinahe unverständlich, ebenso wie der Walkürenritt – auf eine einzelne Reiterin reduziert. Es ist kläglich. Aber was den Zorn unserer Kritik auf die Spitze treibt, ist ihre letzte Idee, die Verwandlung der ›Marseillaise‹ in eine Tanzpantomime! Das ist ein Sakrileg! Sie mag die Werke ausländischer Komponisten morden, so viel sie will – aber sie soll die französischen Komponisten und vor allem die Nationalhymne in Ruhe lassen. Dieses gewaltsame Zerschneiden von Rouget de Lisles Nationalhymne in vier oder fünf Stücke, dazu noch in einer scheußlichen Art orchestriert, ist lächerlich, mehr noch, es ist ganz ungehörig.«

Im Mai reist sie mit Dumesnil über New York nach Südamerika. In Bordeaux wird sie an Bord gehen. Auf der Hinfahrt treffen sie den berühmten französischen Geiger

New York, Mai 1916,
vor der Abfahrt
nach Buenos Aires

Jacques Thibaud, der am Abend ein Konzert in Bordeaux gibt. Isadora verschwindet mit dem Geiger. Dumesnil sucht sie vergebens, bis er sie abends in Thibauds Konzert wiederfindet. In letzter Minute erreichen sie noch ihren Dampfer. – In New York hat Dumesnil viel Mühe mit den Proben, da Isadora durch eine neue Liebschaft in Anspruch genommen wird. Aber er kann sie nicht zurückhalten. Auf seine Vorhaltungen heißt es: »Der Junge ist göttlich... entzückend.« Zur selben Zeit findet im großen Lewisohn Stadion die Feier zu Shakespeares 300. Todestag statt. Ihrem Freund Percy MacKaye zuliebe nimmt Isadora daran teil und tanzt die Antigone in seiner Sophokles-Übertragung. Trotz großen Erfolgs kann sie nur einmal auftreten, da die Reise nach Buenos Aires weitergeht. Sie veranlaßt ihren Bruder Augustin, sie auf der Südamerika-Tournee als eine Art Geschäftsführer zu begleiten. Er folgt ihr sehr ungern und wird bereits von Buenos Aires aus nach New York wieder zurückkehren.

Die Seefahrt wird stürmisch, nicht auf dem Meer, aber in Isadoras Kabine. Der spanische Maler Ernesto Valls hält mit ihr Siesta, und ein Team mitreisender Boxer, das zu Kämpfen nach Buenos Aires fährt, wechselt sich des Nachts bei ihr ab. Sie meint allerdings später: »Boxer und alle Arten von Athleten sind schlechte Liebhaber. Ein richtiger Athlet trainiert so hart, daß all seine Gefühle den Körper verlassen.« Einem Schiffsheizer – er hat die Beine Apolls – schenkt sie für seine Liebesdienste die letzte Flasche Champagner aus ihrem Vorrat – der des Schiffes ist schon erschöpft; sie muß an der Bar zu härteren Cocktails übergehen. Trotzdem bleibt sie für Ernesto Valls das größte Tanzwunder, eine griechische Göttin, sein Leitstern. Sie sieht in ihm ein Genie, das die Welt erschüttern wird. Als aber in Santos ein junger hübscher Portugiese, Alfonso, an Bord kommt, ein eleganter schmuckbehangener Gigolo, Valentino ähnlich, ist sie sofort in ihn verliebt. Alfonso weicht nicht von ihrer Seite. Ernesto verfolgt die beiden mit finsteren Blicken. An der Bar kommt es zwischen den Rivalen zu einer blutigen Schlägerei. Während Isadora die Kämpfenden anfeuert, bringt der Kapitän sie auseinander.

Das Gastspiel in Buenos Aires ist ein Mißerfolg, nicht ohne Isadoras eigenes Verschulden. Noch vor ihrem Auftritt besucht sie einige zweifelhafte Nachtlokale, übt mit den Gigolos eifrig Tango und tanzt mit der argentinischen Flagge drapiert zur Nationalhymne. Mit ihren Sandalen wirft sie nach unliebsamen Gästen. Der Manager ist außer sich und löst sofort ihren Vertrag. Die erste Vorstellung ist ausverkauft, aber die Presse reagiert schlecht. Die zweite Vorstellung wird noch zu Zweidrittel und die dritte kaum zur Hälfte besucht. Ihr Programm ist ein im Kriege wenig angebrachter Wagnerabend. Als während der Vorstellung durch zu spät kommende Besucher Lärm entsteht, hält Isadora an der Rampe eine zornige Rede. Sie kann das Theater stundenlang nicht verlassen, weil die wütende Menge sie steinigen will. Als rettender Engel meldet sich ein anderer Manager. Sie erhält einen Vertrag für Montevideo. Dorthin flüchtet sie nachts mit Dumesnil unter Zurücklassung der Koffer im Hotel. Die vier Vorstellungen in Montevideo werden begeistert aufgenommen. Tschaikowsky, Chopin und Brahms stehen auf dem Programm. Schuberts ›Unvollendete‹ und vor allem die ›Marseillaise‹ haben den größten Erfolg. Aber der Höhepunkt der Tournee ist Rio de Janeiro; brillante Zeitungskritiken treiben die Massen ins Theater. Mit Chopin beginnend, tanzt Isadora in der letzten Vorstellung Glucks ›Iphigenie‹. Sie genießt den Erfolg, mietet einen Packard, bestellt eine Kiste Pommery und Greno 1904 – ihren Lieblingschampagner –, lädt ihre Freunde, darunter den Schriftsteller John do Rio und die Presse zu einem großen Dinner ein. Spät nachts tanzt sie im Mondschein am Meeresufer. Als ihr die Wellen über die Knie schlagen, haben die Zuschauer den Eindruck, als sei eine fantastische Meerjungfrau den Tiefen des Ozeans entstiegen. Nur wenige finden Worte: »Welch wundervolles Weib, die menschgewordene Naturkraft.« Schweigend, wie von einem Zauber gebannt, fährt man zur Stadt zurück. Weniger begeistert ist der Hoteldirektor über die nächtlichen Besucher. Doch ehe es zu Auseinandersetzungen kommt, tritt Isadora die Rückreise an. Sie gibt noch drei Vorstellungen in Sao Paulo mit ihrem Chopin- und Beethoven-Programm. Das Publikum ist freundlich, aber zurückhaltender als in Rio.

Im September kehrt sie allein nach New York zurück. Dumesnil hat in Südamerika ein Engagement angenommen. Ohne einen Pfennig steht sie in Manhattan am Pier, von den Einnahmen der Tournee ist nichts übrig geblieben. Sie wendet sich an einen alten Freund, den Fotografen Arnold Genthe. Bei ihm trifft sie unerwartet Paris Singer. Die große Not ist nun vorbei. Singer, wie früher von ihr und ihrer Kunst begeistert, mietet ein Studio in der 57. Straße und läßt Augustin die sechs Schülerinnen Anna, Irma, Maria Theresa, Lisa, Margot und Erika aus der Schweiz nach New York holen, nachdem er die wiederaufgelaufenen Pensionsschulden beglichen hat.

Bei einem Lunch in Sherrys Hotel trifft Isadora auf Nijinsky und seine Frau Romola. Der Tänzer ist im April mit Frau und Kind nach New York gekommen und tanzt in der Diaghilew-Companie an der Metropolitan Opera. Zur Zeit arbeitet er mit dem amerikanischen Bühnenbildner Robert Edmond Jones an seinem Straussschen Till-Eulenspiegel-Ballett. Allen hörbar ruft Isadora dem Tänzer zu: »Erinnern Sie sich noch, Nijinsky, vor Jahren in Venedig, als ich Ihnen vorschlug, wir sollten zusammen ein Kind zeugen? Was für einen Tänzer würden wir zustande gebracht haben! Aber damals schien meine Idee keinen Reiz für Sie zu besitzen! Wie ich sehe, haben Sie sich umgestellt. Sie sind nicht mehr so ablehnend gegenüber uns Frauen.« In die eisige Stille hinein antwortet Nijinsky lächelnd: »Ich habe mich nicht umgestellt. Ich liebe jedermann, wie Christus es getan hat.« Isadora will mit ihm tanzen, aber er lehnt es ab, weil er Improvisationen nicht liebt. Er begleitet ihren Tanz lediglich mit einigen Armbewegungen und Gesten.

Im November gibt Isadora in der Metropolitan Opera einen Abend mit ihrem letzten Pariser Programm. César Francks ›Rédemption‹ sieht man in New York zum erstenmal. Man findet die Interpretation schön, poetisch und fantasievoll. »Während der ganzen Darstellung erhebt sich die Tänzerin selten von den Knien. Nacken, Hals, Schultern, Kopf und Arme dienen dem Ausdruck...« An anderer Stelle heißt es über dieses Werk: »Diejenigen, die einen hübschen Tanz sehen wollen, hübsche Mädchen, schöne Dinge überhaupt, werden nicht viel Gefallen an der Kunst Isadoras finden. Sie ist nicht hübsch; sie tanzt nicht hübsch. Ihre Art ist von edler Form, und es macht ihr Freude, immer höhere Gipfel zu erklimmen. Die Gebärde ist titanisch, ihr Selbstbewußtsein meist groß, gebieterisch. Sie ist mit den Jahren umfangreicher geworden – nicht nur in der physischen Bedeutung des Wortes – in ihr baut sich wirklich das Heroische auf. Aber das ist das Geheimnis ihrer Kraft und Stärke...«

Gegen Schluß der Vorstellung reißt sie durch die ›Marseillaise‹ alles von den Stühlen. Junge Leute springen auf und stürmen zur Bühne. – Wie der Kritiker bei ›Rédemption‹ vom Aufbau des Heroischen spricht, so hatte schon Rodin bei diesem Werk den Eindruck eines ›vollendeten Tempels‹. Es zeigt sich ein seelisch und körperlich bedingter Wandel in ihrer Arbeit. Immer häufiger tritt an die Stelle der Sprünge, schneller emotioneller Bewegungen ein ruhiges Stehen, Knien oder Liegen, kleine Schritte, knappe Bewegungen, die in statuarisch monumentale Gebärden übergehen. Die Arme werden erhoben, Kopf und Schultern langsam gedreht und der Blick in die Ferne gerichtet oder zu Boden gesenkt. Das ist keine fliehende Nymphe, keine leichtfüßige Artemis mehr, die würdevoll majestätische Göttermutter Hera steht vor uns.

Da Isadora sehr erschöpft ist, schickt Singer sie zur Erholung nach Kuba. Sein Sekretär MacDougall, ein junger Schotte, wird sie begleiten und betreuen. Er hat es nicht leicht. Auf ihren nächtlichen Streifzügen besucht Isadora auch eine Morphinisten- und Opiumhöhle, in der ein vom Rauschgift stark verwüsteter Pianist Chopins ›Préludes‹ mit ergreifendem Ausdruck spielt. Sie muß dazu tanzen. Alle sind im Innersten betroffen, manch einer weint. Immer wieder muß sie tanzen, und sie tanzt bis zum Morgengrauen. Der Abschied wird zur stürmischen Umarmung. Sie fühlt sich glücklicher als beim Applaus auf der Bühne. Von Kuba geht sie nach Florida, wo sie am Strand von Palm Beach einen herrlichen Frühling genießt. Gut erholt kommt sie nach New York zurück und gibt mehrere Vorstellungen in der Metropolitan Opera. Immer wieder sind die Zuschauer von der ›Marseillaise‹ begeistert. Wenig beeindruckt war die damals achtjährige Agnes de Mille, die erfolgreiche Charaktertänzerin und Choreographin von ›Rodeo‹ und ›Oklahoma‹:

»Ich sah die Duncan, aber sie hinterließ bei mir keinerlei Eindruck. Eine dicke, trübselig blickende Frau in langweiligen, aus einer Art Vorhangstoff gefertigten Kostümen – sie hatte keine Ähnlichkeit mit Anna Pawlowa. Mutter erklärte mir als Grund ihres traurigen Blicks, daß ihre kleinen Kinder bei einem Automobilunglück ertrunken seien. Mutter meinte, sie fände sie auch schwach, aber ich bemerkte, daß ihr die Tränen über die Wangen liefen. ›Warum weinst du‹, fragte ich sie. ›Ich weiß nicht‹, sagte Mutter, ›dieser Tanz dauert sehr lang (es war eine vollständige Beethovensymphonie), aber der Gedanke an den Verlust ihrer Kinder macht mich traurig.‹ Am Schluß der Vorstellung kam Isadora vor den Vorhang und beschwor uns alle, daß wir barfuß über die Hügel laufen sollten. Ich machte es auch am nächsten Nachmittag, und Mutter hatte lange damit zu tun, mir die Kaktusstacheln herauszuziehen ...«

Singer erwirbt ein Vorkaufsrecht auf den alten Sportpalast für Zirkusvorstellungen und Boxkämpfe, den Madison Square Garden, um Isadora darin ein Studio, Bühne und die heißersehnte Schule einzurichten. Isadora gefällt das Projekt nicht, und ihre Freundin Mary Desty bestärkt sie in der Ablehnung: »Dort riecht es nach Tieren.« Durch dieses Projekt kommt es zum endgültigen Bruch zwischen Singer und Isadora. Die Darstellungen sind verschieden, am zuverlässigsten ist wohl die von Arnold Genthe. Nach seinen Erinnerungen hat Singer Augustin mit seiner Frau, Elizabeth, Mary Desty, Barnard und ihn zum Essen ins Plaza Hotel eingeladen. Als er während des Essens Isadora mit der zugedachten Schenkung erfreuen will, schreit sie ihn an: »Willst du damit sagen, daß ich eine Schule dort leiten soll? Ich vermute, du willst, daß ich mit meinem Tanz für Preisboxer Reklame machen soll.« Singer wird blaß, seine Lippen beben, und seine Hände zittern. Er steht auf, ohne ein Wort zu sagen, und verläßt den Raum. Die Gäste stürmen auf Isadora ein: »Er wollte dir doch den Traum deines Lebens erfüllen, nun hast du alles zerstört.« Sie meint gleichgültig: »Er kommt zurück. Er kommt immer wieder.« – Aber dieses Mal kommt er nicht zurück. Die Bitten Augustins und anderer Freunde sind erfolglos. Isadoras Briefe bleiben unbeantwortet.

Isadora tut diesen Vorgang in ihren Memoiren kurz ab und begründet den Bruch mit Singers Eifersucht.

13 Isadora versetzt ihr Diamantenhalsband, verkauft ihr Hermelincape und den großen Smaragd, gegen den Singer einen Maharadscha in Monte Carlo ausgelöst hatte. Mit den Schülerinnen zieht sie für den Sommer nach Long Beach. Bald finden sich bei ihr Gäste ein: der Geiger Ysaye, der Komponist Varèse, der Maler Picabia. Sie besucht die große französische Tragödin Sarah Bernhardt, die sie so oft bewundert hatte. Sie ist tief ergriffen, als sie die Schauspielerin nach der Beinamputation so hilflos in ihrem Rollstuhl sieht.

Im Herbst gibt sie ein Gastspiel in Kalifornien. Sie tanzt in Oakland, in San Francisco, ihrem Geburtsort. Der Pianist Harald Bauer begleitet sie.* Bei Proben ihrer Chopintänze bewundert Bauer ihr instinktives musikalisches Gefühl, das bisweilen bezweifelt wurde. Ihre Abende sind ein Erfolg, doch die engere Zusammenarbeit mit Bauer wird durch dessen Ehefrau mit großem Krach beendet. Isadora stöhnt: »Oh! Diese eifersüchtigen Weiber!«

Der Kritiker Redfern Mason ist von ihrer Kunst begeistert; sonst aber ist sie über den Mangel an künstlerischem Gefühl und über die Teilnahmslosigkeit in ihrer Heimat deprimiert. Für eine Schule in ihrem Sinn findet sie kein Interesse. Man begnügt sich in Kalifornien mit Gymnastikschulen, wo vielfach auch ihre Kunst in süßlicher Weise nachgeahmt wird. – Der amerikanische moderne Tänzer, Choreograph und Pädagoge Ted Shawn, der sich zu dieser Zeit in San Francisco mit religiösen Tänzen in den Kirchen beschäftigt, sieht Isadoras Tanzabende:

---

* Harald Bauer, geb. 1873 in London. Angloamerikanischer Pianist, Schüler von Paderewski, Kammermusiker ersten Ranges, vor allem für Brahms, Schumann und César Francks Kompositionen. In seinem modernen Repertoire findet sich vor allem Debussy. Er unternimmt Konzerttourneen durch Europa und Amerika. Enger Freund von Pablo Casals, Isaye, Kreisler. Eigene Biographie ›His Book‹. Er stirbt 1951 in Miami.

»Sie war schwer, und einige ihrer Gesten wirkten spröde. Auch erinnere ich mich, daß ich bei einer Bewegung zusammenfuhr, die wie eine schlechte Ballett-Arabeske aussah. Aber solche Bewegungen waren selten. Ferner,

»Ihre Handschrift war charakteristisch und elegant«
(Harald Bauer)

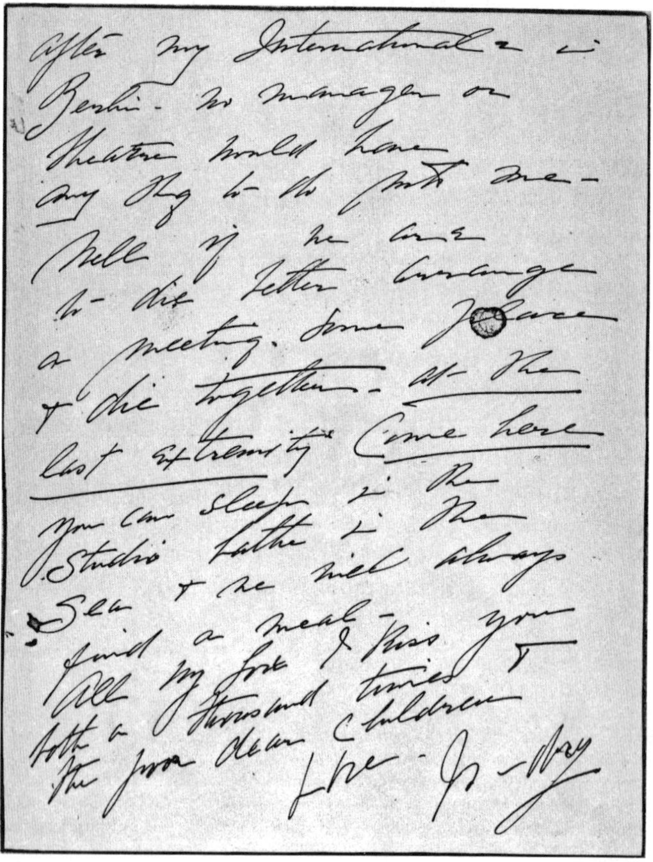
after my International in
Berlin - no manager or
theatre would have
any thing to do with me -
Well if we could
to better arrange
a meeting. Some place
& die together - at the
last extremity - Come here
you can sleep in the
Studio father is there
& he will always
see
find a meal - Kiss you
All my love I kiss you
both a thousand times &
the poor dear children
Love - Isadora

ob sie es gern anwendete oder nicht, gab sie Posen wieder, die sie auf Friesen gefunden hatte. Sie war wundervoll. Sie hatte eine liebliche lyrische Art der Bewegung, doch konnte sie auch dionysischer Leidenschaft oder bacchantischer Raserei Gestalt verleihen. Sie war heroisch, sie war majestätisch. Isadora, Ruth St. Denis und das griechische Ideal befreiten uns in den ersten beiden Jahrzehnten dieses Jahrhunderts vom Viktorianismus und vom Puritanismus. Aber nach meiner Meinung ging sie viel zu weit in dieser Befreiung – oder Zügellosigkeit –, die sie sich gestattete. Sie war eines der großen Rätsel der Welt. Es kam ihr eben nicht nur auf Liebhaber und Väter für ihre Kinder an. Sie benahm sich nymphomanisch wie eine Straßendirne. Auch schien sie keinerlei Gefühl moralischer Verantwortung in der Erfüllung von Verträgen zu haben. Ich weiß, daß viele ihr Leben als tragisch angesehen haben wegen ihrer selbstzerstörerischen Natur. Aber ich sehe es nicht als etwas Tragisches, sondern nur als etwas Gemeines.

Für mich hatte sie eine der größten Gaben, die Gott je einem Menschen verliehen hat, aber sie war als Mensch ein unwürdiges Gefäß, dies göttliche Elixier zu halten! Aber trotz aller Mängel, und was auch immer für Elemente in ihrer Kunst und in ihrem Leben fehlten, sie übte einen riesigen Einfluß aus auf alle, die empfänglich waren für ihren Genius und ihre Ideale – Ideale, welche sie selbst nicht immer verwirklichen konnte...

Da war eine so gewaltige innere, erregende Kraft, daß man das Gefühl hatte, die Walküren selbst seien auf der Bühne. Wunderbarerweise ging die Bewegung weiter, obgleich der Körper selbst statisch erschien. Wenn sie stillstand, strahlte sie noch immer Größe aus!«

In San Francisco sieht Isadora ihre Mutter wieder. Sie findet sie von dem Wunsch beseelt, mit nach Europa zu gehen. Dieser Wunsch wird ihr erfüllt.

Wieder in New York, drängt es Isadora zur Rückkehr nach Europa. Da der Manager des Kalifornien-Gastspiels sie betrogen hat, bettelt sie sich wieder bei ihren Freunden das Reisegeld für die Überfahrt nach England zusammen. Ihre Schülerinnen, die ›Isadorables‹, bleiben zurück und veranstalten als ›Isadora Duncan Dancers‹ eine Tournee durch Amerika.

14 Isadora verbringt ein paar trostlose Wochen in London, bis ein freundlicher Attaché von der französischen Botschaft sie mit nach Paris nimmt. Als sie von einem Makler für eine Hypothek auf ihren Grundbesitz in Neuilly eine größere Summe erhält, regen sich ihre Lebensgeister wieder. Sie ist viel mit dem Pianisten Garros zusammen. Er begleitet sie durch die verdunkelten Straßen, und eines Nachts tanzt sie während eines Luftangriffs vor ihm auf der Place de la Concorde. Sie begeistert sich für den englischen Walter Morse Rummel, »einen jungen Mann, der in seinen Augen ein erstaunliches Leuchten hat und ein Enkel des großen Liszt zu sein scheint«.* Rummel ist ein vorzüglicher Debussy-Interpret, aber er muß Isadora, die kein Gefühl für Debussy, wie überhaupt für moderne Musik, entwickelt, Bach, Chopin und Wagner vorspielen. »Er spielt Wagner, wie man ihn nur im Himmel spielen kann. Ich nenne ihn ›Erzengel‹ und nehme ihn auf. Damit beginnt die heiligste und reinste Liebe meines Lebens.« Ihr Erzengel verabscheut es, der Leidenschaft mit der wilden Heißblütigkeit der Jugend ihren Lauf zu lassen. Aber trotzdem kann er

* Walter Morse Rummel, geb. 1887 in Berlin. Aus alter Pianistenfamilie stammend, studiert er Klavier und Komposition. In Paris gehört er zum Freundeskreis Debussys, dessen bester von dem Komponisten selbst gelobter Interpret er wird. Er macht Konzerttourneen mit seiner Frau, der Pianistin Thérèse Chaigneau. Begleiter Isadoras von 1918 bis 1920. – Rummel wird später Anthroposoph. Er stirbt 1953 in einem Spital in Bordeaux. Seine Kompositionen sind vor allem in England und in Amerika bekannt.

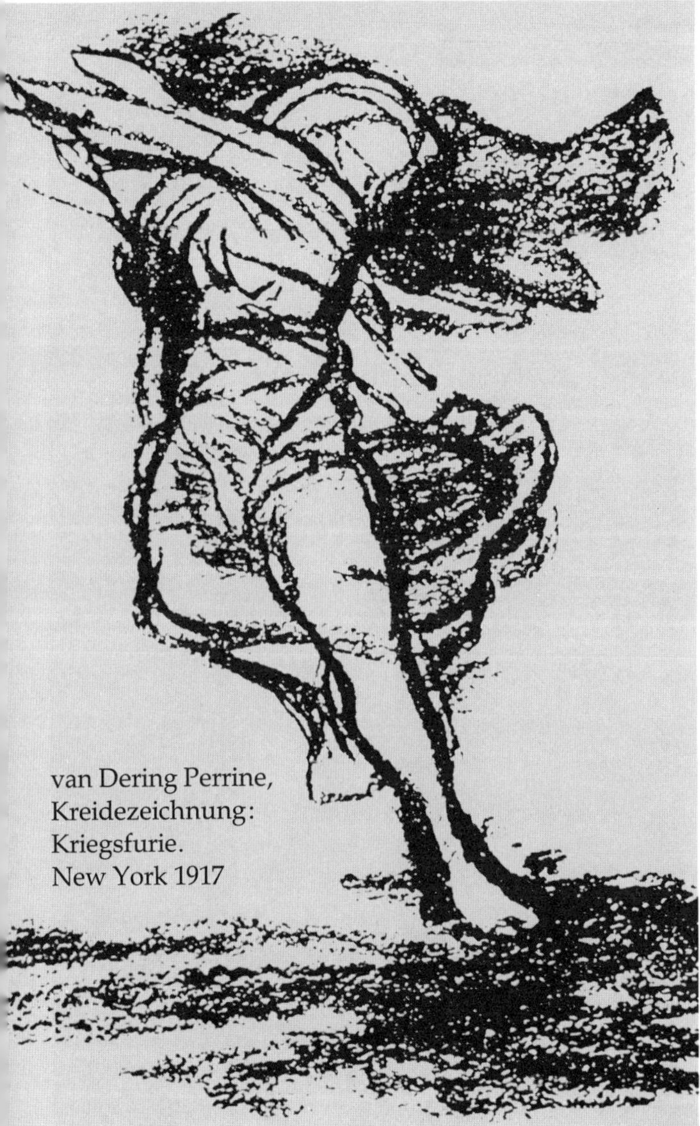

van Dering Perrine,
Kreidezeichnung:
Kriegsfurie.
New York 1917

Walter Morse Rummel ›Erzengel‹, Paris 1918

dem Gefühl, das ihn für die Vierzigjährige ergriffen hat, nicht widerstehen. – Im Sommer 1918 machen die beiden eine Tournee durch die größeren französischen Städte: Nantes, Bordeaux, Marseille. Sie bleiben in St. Jean auf Cap Ferrat. »Wir mieteten« – so erzählt Rummel – »das herrlichste Appartement mit Salons und Musiksaal und noch eine Garage hinzu, die größte auf dem Cap. Sie ließ blaue Vorhänge aufhängen, einen Teppich legen und ein Piano bringen. Ich mußte ihr unaufhörlich alle Chopin-Sonaten vorspielen unter der Projektionslampe, und draußen glühte die Sonne wie in dem geliebten Griechenland. Am Ende des dritten Tages der Sonaten begann sie zu tanzen. Und das war wunderbar, wirklich ...« Sie üben neue Werke nach Lisztscher Musik und gehen mit dem erweiterten Programm nach Nizza. Bei Kriegsende sind sie wieder in Paris.

Der Bellevue-Pavillon ist von den Amerikanern besetzt, und als er Isadora zurückgegeben wird, befindet er sich in einem solchen Zustand, daß sie keine Schule darin einrichten kann. Sie gibt ein Chopin-Festival zugunsten der ›Isadora-Duncan-Schule in Bellevue‹, aber die Einnahmen bedeuten nichts gegenüber den gewaltigen Kosten für Herstellung und Neueinrichtung. So verkauft sie das Gebäude weit unter Wert an den Staat und erwirbt für einen Teil des Erlöses in Passy das Haus des Beethovensaales in der Rue de la Pompe. Dort studiert sie mit Rummel Teile aus dem ›Parsifal‹ ein. Damit gastieren sie in der Schweiz und in Nordafrika. Über Italien kehren sie zurück, sind Mitte Dezember in Rom. Isadora erfährt, daß Craig nach Schließung seiner Schule für Theaterkunst in Florenz nun hier lebt. Sie schreibt ihm sehnsuchtsvoll, lädt ihn ein. Er besucht sie, sie speisen zusammen und machen einen langen Spaziergang durch das nächtliche Rom. Ihre Liebe erwacht in der Erinnerung an ihre Vereinigung vor fünfzehn Jahren von neuem zu einem leidenschaftlichen Gefühlsaustausch. Sie überhäufen einander mit Zärtlichkeiten und Lobesschwüren. – Vier Tage später reist Isadora mit Rummel nach Frankreich weiter. In ihren Briefen und in Craigs Notizen kehren Genugtuung und Freude über ihr Zusammensein wieder.

In Paris richtet Isadora das in Passy erworbene Haus mit dem Beethovensaal als Studio ein. Täglich studiert sie mit Rummel Franz Liszt für ein Konzert und Partien aus dem ›Parsifal‹ ein. In ihren Memoiren gibt sie eine überschwengliche Schilderung dieser Zeit mit ihrem ›Erzengel‹: »Dafür verwendeten wir heilige Stunden, unsere vereinten Seelen wurden getragen von der mystischen Kraft, die uns gefangen hielt. Oft, wenn ich tanzte und er spielte und ich meine Arme erhob und meine Seele sich von meinem Körper löste in einem langen Flug silberner Töne des Gral, schien es, als hätten wir eine geistige Einheit geschaffen, ganz außerhalb von uns selbst. Wie Klang und Geste in die Unendlichkeit überströmen, so kam das Echo einer gleichen Antwort von oben.«

Wie so oft schon, so plant Isadora auch jetzt wieder die Einrichtung einer Schule. Nicht ohne Widerstände gelingt es ihr, die sechs Schülerinnen, die ›Isadorables‹, aus Amerika herüberzuholen. Sie sollen ihr eine Hilfe in der Schule sein und bei den geplanten neuen Programmen mitwirken. Die Schülerinnen hatten, von Sol Hurok gemanagt, in New York und auf Amerikatourneen als ›Isadora Dancers‹ großen Erfolg und weitere Gastspielreisen in Aussicht, als Isadora sie zurückrief. Im Juni 1920 waren sie endlich nach längerem Verfahren von Isadora adoptiert worden und berechtigt, den Namen ›Duncan‹ zu führen. Sie hatten so die amerikanische Staatsangehörigkeit erworben und die Möglichkeit, in Frankreich einzureisen. Ende Juni treffen sie in Paris ein.

Im Frühjahr kommt auch Craig in die französische Metropole, um die französische Ausgabe seiner ›Theaterkunst‹ zu besorgen. Er ist des öfteren mit Isadora zusammen und sieht auch die Vorstellungen mit Rummels Begleitung.

Sie führt ihn in die Pariser Gesellschaft ein und macht ihn mit mehreren künstlerischen Persönlichkeiten, die für seine Arbeit Interesse haben, bekannt. Für ein elegantes Dinner-Jacket erhält ›little Ted‹ 2000 Francs, die ihm Glück bringen sollen.

Der politische Umschwung in Griechenland und die Regierung Venizelos machen Isadora wieder Hoffnung, in Athen doch noch zu einem Tanzinstitut zu kommen. Sie stürzt sich zum dritten Mal in ein griechisches Abenteuer. Mit den Schülerinnen, mit Rummel, mit dem Maler und Fotografen Edward Steichen verbringt sie zunächst einige Zeit am Lido. Sie tanzt vor der Markuskirche und hält eine Rede gegen die Verunstaltung des Platzes durch moderne Elemente und Plakate. Die Zuhörer klatschen ihr Beifall. Schließlich, in Athen angekommen, führt sie ihr erster Gang auf den Kopanos. Ihr Haus ist in jämmerlichem Zustand. Mit Hilfe eines Architekten richten sie den Hauptraum als Tanzsaal ein. Bei einem Fest im Stadion wird Isadora ein Lorbeerkranz überreicht, weil sie die unsterbliche Schönheit des Phidias und das Zeitalter von Griechenlands Größe erneuert habe. Diesen so hoffnungsvollen Anfängen folgt ein jäher Rückschlag durch den politischen Umsturz. Anordnungen Venizelos' werden aufgehoben. Mit einer behördlichen Unterstützung ist nicht mehr zu rechnen. Die eigenen Mittel sind bald erschöpft. Der Traum einer Schule ist wieder einmal zu Ende.

Aber auch aus einem anderen Grunde ist Isadora in einer qualvollen seelischen Verfassung. Rummel, ihr Erzengel, hat sich in Anna, eine der Schülerinnen, verliebt. Schon am Lido kam ihr Verdacht. Die späteren Zärtlichkeiten der beiden ließen keinen Zweifel. Grenzenlose Ei-

Im Westtor
des Parthenon,
Athen 1920.
»Aber alle Herrlichkeit
Griechenlands
vermochte den
höllischen Dämon,
der mich beherrschte,
nicht auszutreiben«

fersucht treibt sie qualvoll umher, auch nachts findet sie keine Ruhe. Ihr ganzes Leben steht vor ihr, sie sieht sich, wie sie vom jungen Mädchen mit scheuem, zartem Körper zur herben Amazone und schließlich zur weinlaubbekränzten, trunkenen Bacchantin wird, die ergeben und ohne Widerstand dem Ansturm des Satyrs erliegt. Und nun hatte ›die heiligste und reinste Liebe‹ ein alltägliches Ende gefunden. Sie flieht aus dem geliebten Griechenland, das zum ›Kalvarienberg der Liebe‹ geworden ist, und kehrt über Rom nach Paris zurück. Aber der Aufenthalt im Beethovensaal, wo sie mit ihrem Erzengel die glücklichsten Stunden verlebt hat, ist ihr unerträglich. Es kommen zwar Briefe von Rummel, in denen er sie um Verzeihung bittet, aber die sonst so leicht Versöhnte antwortet kalt und unpersönlich, lehnt es ab, ihn zu sehen und mit ihm zu arbeiten. Er schreibt erneut: »Ich bin allein, allein gewesen, physisch, geistig und seelisch. Seit Tagen höre ich von niemandem mehr. Meine Gefühle haben sich nicht geändert. Ich kam allein nach Cap Ferrat, ich sah die Villa Mauresque und die beiden Fotos der teuren Lady mit Tränen. Impromptu von Schubert. – Meine Liebe, ja, ich bin schwermütig, ich bitte Dich um Verzeihung. Ich kann Dir nicht unpersönliche Briefe schreiben, wie Du es tust. Jeder Tag zieht mich weiter weg von der Rue de la Pompe. – Ich gehe wahrscheinlich nach Deutschland, ich gehe nicht, um Deine Schwester zu sehen, ich gehe, um alles, was Duncan ist in mir, auszulöschen. Ich will den Namen nicht mehr hören ... Ich begrabe alle meine Hoffnungen und die Ideale dieser drei Jahre. – Ich habe nur eine Bitte, erhalte Anna Deine Zuneigung und lasse sie nicht zerbrechen. Ich liebe dieses Kind, aber nicht genug, um es von meinen Gefühlen für Dich zu trennen ... Will nicht Dich durch sie verlieren ... und wisse, daß ich Dein ewig dankbarer und ergebener Erzengel bin.«

Schon im Sommer 1920 erklärt Isadora in einer ihrer üblichen Rampenreden in Paris, daß sie große Hoffnungen bei ihrem Schulprojekt auf Rußland setze, wo die künftige Künstlergeneration ihre Heimat haben werde. »Verhelft mir zu einer Schule, wenn nicht, werde ich zu den Bolschewiken nach Rußland gehen. Ich verstehe nichts von Politik, bin keine Politikern. Aber ich werde zu den Führern sagen: gebt mir eure Kinder und sie sollen von mir tanzen lernen wie die Götter – wenn nicht (...) erschießt mich.« – Der sowjetische Volksbildungskommissar Lunatscharsky interessiert sich für Isadoras Angebot und nimmt mit der ›Camarade Duncan‹ Beziehungen auf. So schreibt er ihr im Januar 1921 wegen des Besuchs einer jungen Russin.

Während ihres Gastspiels im April in London, wo sie nach dem zur November-Revolution einstudierten ›Slawischen Marsch‹ von Tschaikowsky wieder von ihrem Vorhaben, nach Rußland zu gehen, spricht, kommt der Führer der sowjetischen Handelskommission, Leonid Krasin, zu ihr in die Garderobe, um ihre Wünsche zu erörtern. Isadora schreibt einen Brief an Lunatscharsky über die Errichtung einer Schule in Moskau. Sie verlangt Räume und Staatsmittel zur Ernährung und Kleidung der Schüler. Sie sei der bürgerlichen, kommerziellen Behandlung der Kunst müde und wolle ihren Tanz dem Volk und der arbeitenden Klasse kostenlos zukommen lassen. Lunatscharsky antwortet ihr: »Kommen Sie nach Moskau! Wir werden Ihnen eine Schule für tausend Kinder geben. Sie können Ihre Idee im größten Umfang verwirklichen.« Isadora nimmt die Einladung an.

Als ihre Entscheidung bekannt wird, bestürmen ihre Freunde sie, nicht nach Rußland zu ziehen. Aber sie läßt sich allen Warnungen zum Trotz nicht beirren. Nach einem Abschiedsfest in der Rue de la Pompe gibt sie noch Vorstellungen in Belgien, in Holland und in London. Ihre

Schülerinnen Irma, Maria Theresa und Lisa sind bei ihr, aber nur Irma ist am Ende bereit, mit nach Rußland zu gehen. Sie feiern Abschied mit den englischen Freunden in London und reisen im Juli 1921 über Reval nach Moskau. Isadoras französische Dienerin Jeanne begleitet sie. Isadora ist glücklich, in einer neuen Welt an einem idealen Kommunismus teilzunehmen. »Adieu denn, du brutale alte Welt ohne Gleichheit und Gerechtigkeit, die meine Schule nicht zustande kommen ließ.« Sie hat alles, auch ihre Kleider, zurückgelassen und will für den Rest ihres Lebens in einer roten Flanellbluse in brüderlicher Liebe zwischen ihren Genossen auftreten. In ihrem Geiste tanzen tausende Kinder Beethovens ›Neunte Symphonie‹. »Seid umschlungen Millionen! Neue Welt, ich grüße dich!«

15 Es heißt in der Presse verschiedener Länder, Isadora sei Kommunistin oder Bolschewikin geworden. In Amerika warnt man vor der ›roten Tänzerin‹, vor dem ›bolschewistischen Frauenzimmer‹. Isadora selbst hat wiederholt abgestritten, Kommunistin zu sein, und erklärt, sie verstehe nichts von der bolschewistischen Politik, sie sei Künstlerin und nicht Politikerin. Allerdings gibt sie selbst immer wieder Anlaß zur Mißdeutung, erklärt, sie sei ›rot‹, macht sich das Schwenken roter Tücher zur Gewohnheit und redet an der Rampe von Kommunismus, von Marx und Lenin. Aber all das bleibt oberflächlich, meistens in Ärger und Ekstase hervorgesprudelt. Im Grunde hat sie von den kommunistischen Ideen keine tiefere Kenntnis. ›Rot‹ ist für sie die Farbe der Lebenskraft und Tanz der Weg zur Vervollkommnung der Menschlichkeit in ideeller Freiheit. Mehr will sie nicht sagen. Die Naivität ihrer politischen Anschauung tritt schon bald zutage, als sie in dem von Paul Poiret in Paris entworfenen Wams, dem ›Kostüm à la Bolchévique‹, und in Stiefeln in Moskau herumläuft, einen roten Turban um den Kopf geschlungen. Das Motiv ihrer Übersiedlung ist die ihr von den sowjetischen Behörden zugesagte Verwirklichung ihrer Schulidee in einer, wie sie glaubt, idealen Welt mit freien Moralgesetzen, neuem Lebensstil und großzügiger Kunstpflege. So sieht sie im Kommunismus seit dem Christentum das größte Ereignis der Weltgeschichte.

Sie begrüßt die neue Welt an der Grenzstation Narwa mit Tänzen nach dem Grammophon und Verteilung von Bonbons, Keks und Weißbrot an die erstaunten Kinder. Als die drei Frauen in Moskau ankommen, ist nichts für ihre Unterbringung veranlaßt; denn Lunatscharsky hatte nicht geglaubt, daß Isadora ihre Existenz im kapitalistischen Westen wirklich aufgeben und in die noch in den ersten Anfängen der Entwicklung stehende Sowjetunion kommen werde. Der Volkskommissar beauftragt den Pressereferenten im Auswärtigen Amt, Ilya Schneider, mit der Betreuung Isadoras. Er bleibt als Dolmetscher in der nächsten Zeit ihr ständiger Begleiter. Sodann überläßt Lunatscharsky ihr vorläufig die Wohnung der Primaballerina des Moskauer Balletts Jekaterina Geltzer, die auf einer Tournee weilt. Isadora, die ihre Räume mit ein paar Vorhängen, Teppichen, einem Berg Kissen und ganz wenig Möbeln auszustatten pflegt, findet die Ballerinenatmosphäre dieser Umgebung – mit tausend Andenken, Bildern, Nippes, mit Sèvres- und Meißner Porzellanfiguren vollgestopft – zum Ersticken. Den ausladenden Bewegungen ihrer massiven Arme fällt denn auch schon bald eine besonders wertvolle Porzellanlampe zum Opfer. – Ihr erster Gast ist Stanislawski, der sie zu seiner Aufführung von Tschaikowskys ›Eugen Onegin‹ abholt. Sie findet die Oper sentimental und nicht in die Zeit passend: »Sie müssen Wichtigeres bringen als das, zum Beispiel die ›Bacchen des Euripides‹.« Schon nach einigen

Tagen erregt sie Aufsehen. Auf einer Gesellschaft führender Kommunisten – sie erscheint in roter Tunika, den roten Schal der Marseillaise um den Hals, einen roten Turban um den Kopf – ist sie sehr erstaunt, die Genossen in bürgerlicher Kleidung und in recht ausgelassener Stimmung anzutreffen. Eine französische Chansonette singt frivole Lieder. Isadora ist außer sich, hält eine flammende Rede und schreit: »Ihr seid keine Revolutionäre, Ihr seid verkleidete Spießbürger, Usurpatoren!« Lunatscharsky tritt in der Öffentlichkeit für sie ein. Er bezeichnet ihre Rede als »eine wohlmeinende, naive Kritik des noch in der Phase militanten Kommunismus stehenden ausländischen Gastes«. »Die Duncan«, schreibt er am Schluß, »wird die Königin der Bewegung genannt, aber von all ihren Bewegungen ist diese letzte, ihr Kommen ins rote Rußland trotz aller Warnungen, des schönsten und größten Beifalls wert.« – Sie besichtigt die Kinderkolonie Malakofka, wo ihr die Kinder Volkstänze vorführen. »Das sind ja Sklaventänze«, ruft sie, »die ihr mir da vorgemacht habt. Alle eure Bewegungen sind an die Erde gebunden; ihr müßt den Tanz des freien Volkes lernen, eure Köpfe erheben, eure Arme weit ausbreiten, so, als wolltet ihr die ganze Welt umarmen in weitherziger, brüderlicher Gebärde.«

Begeistert aber ist sie von den jungen Arbeitsgruppen des Volkskommissars für körperliche Erziehung Podvoysky, die vor der Stadt auf dem Leninhügel in einem Jugendlager wohnen und das neue, große Stadion bauen. Um aus der muffigen Wohnung Geltzers herauszukommen, ziehen Isadora und Irma in das Jugendlager, schlafen auf dem Boden, verzichten auf Hygiene und nähren sich von Rohkost und Ziegenmilch. Eine Woche halten sie das aus, dann gehen sie in die Stadt zurück. Die Regierung hat ihnen ein größeres Gebäude in der früher vornehmen Pretchistenka-Straße zugewiesen. Isadora

Mit Irma und den Schülerinnen in Moskau 1921

macht Podvoysky Reformvorschläge: Jungen und Mädchen sollen nicht getrennt aufwachsen, sollen Hand in Hand gehen, sollen tanzen! Die Mädchen müssen Hemdblusen und Reformhosen ablegen und in kurzen Tuniken gehen, um besser tanzen zu können. Podvoysky meint: »Sie müssen hart arbeiten und werden kaum zum Tanzen kommen; es sind die Soldaten der Revolution.«

Isadora schreibt begeistert über Podvoysky und über ihre ersten Moskauer Eindrücke in der Pariser ›Humanité‹. Englische und amerikanische Blätter drucken ihre Botschaft ab. Sie ist überzeugt, daß sich in Rußland »das größte Wunder der Menschheit seit zweitausend Jahren vollzieht. Die geistige Wahrheit dessen, was hier vorgeht, sehe ich als ein leuchtendes Traumbild der Zukunft. Die Prophezeiungen Beethovens, Nietzsches, Walt Whitmans werden verwirklicht. Alle Menschen werden Brüder sein, fortgerissen von der großen Welle der Befreiung, die eben in Rußland geboren wurde.«

Das Haus in der Pretchistenka-Straße, das Isadora für sich und die Schule auf ihre Weise einrichtet, gehört der nach Paris übersiedelten Ballerina Alexandra Balachova. Es ist ein umfangreiches Gebäude mit vielen Räumen in ehemaligem Prunk und Kitsch. Das neue Heim wird mit einem Tanz zu Schuberts ›Ave Maria‹ eingeweiht. Fünfzig Schülerinnen werden aus Hunderten ausgewählt. Der junge Pianist Pierre Luboschitz wird angestellt. Irma beginnt mit dem Unterricht. Nach einigen Monaten werden die Schülerinnen Vollpensionäre der ›Isadora-Duncan-Staatsschule‹. – Zur vierten Jahresfeier der Revolution tanzt Isadora im Bolschoi-Theater Tschaikowskys 6. Symphonie und ›Slawischen Marsch‹ und zum Schluß die ›Internationale‹, einen neuen Tanz zu Ehren des Tages. Es ist ihr erstes öffentliches Auftreten in der Sowjetunion. Die Zuschauer sind begeistert und werden besonders durch die Mimik und Bewegung im ›Slawischen Marsch‹ tief bewegt. Ende Dezember wiederholt sie auf Veranlassung Litvinovs das Programm in einer Arbeiter- und Soldatenvorstellung. Bei der ›Internationalen‹, wo unzählige Kinder in roten Tuniken die weite Bühne des Theaters füllen, springen die dreitausend Zuschauer jubelnd auf. In der Regierungsloge spendet Lenin ihr Beifall. Isadora erhält einen anerkennungsvollen Brief von Litvinov:

»Ich habe niemals von einer solchen menschlichen, lebendigen Beziehung zwischen Künstler und Publikum auch nur geträumt. Nun haben Sie dem Moskauer Proletariat wirklich etwas ihm Angemessenes gegeben. Es war ein nettes Publikum – alles Soldaten und Frauen in Kopftüchern.«

Den mit so viel Begeisterung eröffneten Schulbetrieb muß sie im Winter einstellen, da sie weder Holz noch

Nahrungsmittel erhält. Die Regierung glaubt, durch Überlassung des Hauses ihr Versprechen erfüllt zu haben. Schon im Dezember hat sie drei Vorstellungen gegeben, um das Notwendigste zu beschaffen. Sie will zugunsten der Schule in ganz Rußland auftreten.

Wieder führt ihr das Schicksal ein Genie in den Weg. Sie lernt im November bei dem Maler und Bühnenbildner George Jakuloff den 26jährigen Revolutionsdichter Serge Alexandrowitsch Essenin kennen. Da sie kein Russisch spricht, hat sie nie etwas von ihm gelesen, aber sein Äußeres, seine großen blauen, oft gelblich schillernden Augen, bald scheu, bald von frecher Fröhlichkeit blitzend, sein schöngeschnittener, sinnlicher Mund und das volle, lockige blonde Haar ziehen sie magisch an. Mit ihr bekannt gemacht, setzt sich Essenin ihr zu Füßen. Es dauert nicht lange, und sie wühlt in seinen blonden Locken. Bald küßt sie den herrlichen Mund: »Ich konnte kein Wort Russisch und er überhaupt keine andere Sprache. Wir redeten von Liebe mit unseren Augen.« Ein paar Worte kann sie übersetzen: ›Goldener Kopf‹, ›Engel‹, ›Teufel‹. Darin erschöpft sich ihre Unterhaltung. Gegen Morgen verlassen sie zusammen mit Schneider die Gesellschaft und fahren zu Isadoras Wohnung.

Essenin ist ein sehr intelligenter Bauernjunge aus dem Gouvernement Riazan. Den größten Teil der Jugend verbringt er in der freien Natur. Mit 15 Jahren schreibt er lyrische Gedichte, verläßt sein Heimatdorf und zieht nach Moskau. Er arbeitet in einer Metzgerei, dann in einer Buchhandlung, schließlich in einer Druckerei. Mit der im gleichen Betrieb arbeitenden Anna Izryadovna freundet er sich an. Als sie einen Sohn von ihm bekommt, heiratet er sie. Der anfangs zärtliche Vater verläßt Anna 1914 und geht, ermutigt durch den Abdruck einiger Gedichte in Zeitschriften, nach St. Petersburg. Dort lebt er im Kreise von Schriftstellern und Dichtern wie Maxim Gorki, Alexander Blok, Anatoly Marienhof. Sein Vorbild wird Nicolas Klyuev, der, wie er, das Heil Rußlands in einem freien Bauernstaat sieht. Nach kurzer Rückkehr zu Anna siedelt er im März 1915 ganz nach St. Petersburg über. 1916 veröffentlicht er ein Bändchen Gedichte. Es ist Poesie eigener Art. Das Element des Erotischen fehlt. Die Liebe des Dichters ist umfassend: Sie bezieht sich auf die Heimat, die russische Erde mit ihrem Wäldern, Flüssen und Seen, mit ihrer melancholischen Stimmung, ihrer naiven Heiterkeit, ihren alten, derben Sitten. Der Erfolg seiner Werke ist ungewöhnlich, vor allem die Jugend liest ihn und nennt ihn den zweiten Puschkin. Er wird neben Majakowski und Pasternak der große Lyriker der Revolutionszeit. – Nach Militärdienst und Revolution heiratet er 1917 die Journalistin Zinaida Raikh. Sie haben zwei Kinder. Nach einem Jahr verläßt er sie und kehrt wieder nach Moskau zurück. Dann durchquert er ruhelos ganz Rußland von Archangelsk bis Sewastopol, vom Schwarzen Meer bis zur Murmanküste, den Kaukasus, Bessarabien, die Krim. In Moskau gründet er Anfang 1919 mit mehreren Kollegen die Gruppe der Imagisten, der Schöpfer poetischer Bilder, der Stimmungsschilderungen der Natur zu allen Tages- und Jahreszeiten. Aber der Freiheitsliebende verträgt keine Bindung, weder durch die politische Partei noch durch eine Künstlergruppe. Schon bald trennt er sich innerlich von ihnen: »Meine Freunde glauben zu stark an den Imagismus. Ich habe nie vergessen, daß er nur eine Seite der Poesie ist, ihre Außenseite. Viel wichtiger aber ist das dichterische Gefühl, das die ganze Welt umfaßt.« Er wird zum Bohemien, durchstreift nachts mit seinen Freunden die Moskauer Kneipen, ist an Raufereien und Skandalen beteiligt und betäubt sein Gewissen mit Alkohol. Seine Hoffnung auf einen bäuerlichen Idealstaat, ein ländliches Paradies, sieht er im Verlauf der politischen Entwicklung nicht erfüllt. Er ist verzweifelt und innerlich zerrissen, als er Isadora kennenlernt. Vielleicht kann ihm die verliebte reiche Amerikanerin helfen. Man erzählt ihm von ihren Freiheitsideen – er selbst kann sie ja nicht verstehen. Kurzum, dem ersten Besuch in der Villa Balachova folgen weitere. Er wird dort verwöhnt, angehimmelt; das gefällt ihm. Auch nachts kehrt er mit seinen lärmenden Freunden bei der stets gastfreundlichen Isadora ein. Einmal tanzt sie ihm und seinen Kumpanen einen Walzer von Chopin vor. Es gefällt ihm nicht, und er will zeigen, daß er es besser kann, zieht seine Stiefel aus und tanzt unter tosendem Beifall einen wilden Bauerntanz.

Zu Beginn des Jahres 1922 zieht er ganz zu Isadora. Sie versucht, ihn zu erziehen, aber da keiner die Sprache des anderen versteht, verständigen sie sich durch Gesten und Stöße mit Ellenbogen und Knien. Sie schenkt ihm, um ihn an Pünktlichkeit zu gewöhnen, eine goldene Uhr. Als ihn seine Kameraden, die ihn zu jeder Tages- und Nachtzeit in der Villa besuchen, mit dem ›Verlobungsgeschenk‹ hänseln, zerschmettert er sie vor Isadoras Augen. Oft verschwindet er für einige Tage: »Schluß, Isadora, good bye!« Mit Tränen und kniefälligem Bitten holt sie ihn zurück, und sie versöhnen sich in wilder Trinkerei. Im Februar tanzt sie an mehreren Abenden das Moskauer Programm in Leningrad. Essenin begleitet sie. Sie wohnen im Hotel d'Angleterre, dessen Weinkeller noch einiges aufweist. Essenin macht davon reichlichen Gebrauch. – Bei einer Vorstellung vor dreitausend Arbeitern und Matrosen geht das Licht aus. Schneider, wie immer in Isadoras Nähe, bringt ihr eine Laterne. Sie hebt sie hoch und läßt die Zuschauer durch Schneider auffordern, zu singen. Begeistert stimmt die Menge Revolutionslieder an. Auch Essenin ist hingerissen, er stürzt in die Garderobe und umarmt Isadora: »Zum erstenmal fühlte ich, daß er mich wirklich liebt.« George Balanchine, der sich nach Absolvierung der staatlichen Ballettschule zu jener Zeit mit seinen ersten Choreographien vorgestellt hat, sieht die Vorstellungen. Dem in klassischer Disziplin und Formenstrenge Aufgewachsenen sind die primitiven Bewegungen der nun 44jährigen, massiven Isadora ein Greuel. Er schildert seinen deprimierenden Eindruck:

»Ich fand sie fürchterlich. Ich kann nicht begreifen, wenn man sagt, sie war eine große Tänzerin. Für mich war es ganz unglaublich – eine betrunkene, dicke Frau, die sich stundenlang herumwälzte wie ein Schwein. Eine gräßliche Sache. Es ist unverständlich, wie die Leute so hypnotisiert werden können, daß keiner zu sagen wagt, was er denkt. Ich glaube auch nicht, daß sie jemals gut getanzt hat. Sie war wahrscheinlich in ihrer Jugend ein hübsches, interessantes Mädchen. Als ich sie sah, war sie – ich weiß ihr Alter nicht genau – wahrscheinlich vierzig. Kein Grund, so häßlich zu sein. Ich glaube nicht, daß sie mit dreißig großartig war. 10 Jahre können keinen solchen Unterschied machen.«

Mitte April erhält Isadora ein Telegramm von ihren Geschwistern, daß die Mutter in Paris gestorben sei. Ihr Wunsch, sofort dorthin zu fliegen, läßt sich wegen der Paßformalitäten nicht erfüllen, aber sie faßt den Plan einer baldigen Reise in den Westen. Sie muß neue Geldmittel für die Moskauer Schule beschaffen und wendet sich wegen einer Amerikatournee an den New Yorker Manager Hurok. Nachdem sich die Pawlowa für sie eingesetzt hat, ist Hurok bereit, für den Herbst des Jahres ein Gastspiel zu arrangieren. Zunächst aber bereitet Isadora ihren Freunden eine große Überraschung: Sie will ihren geliebten Poeten heiraten. Es wird Essenins dritte Ehe. Zinaide geht mit den Kindern zu dem Theaterregisseur Meyerhold und nimmt auch Essenins Sohn aus seiner Verbindung mit Anna in ihre Obhut. – Bevor Isadora nach Rußland ging, hatte ihr in London eine Wahrsagerin prophezeit, sie werde heiraten. Sie hatte laut gelacht: »Nie! Ich hasse diese bürgerliche Institution.« Jetzt erscheint ihr die Sache anders: Sie unterschreibt einen Vertrag, kann aber diese Unterschrift jederzeit annullieren. Das ist für sie kein Bruch der Prinzipien. Sie möchte Essenin auf ihre mit Hurok vereinbarte Amerikatournee mitnehmen, ihn aus der unsoliden Umgebung seiner Freunde lösen und seinen Horizont als Dichter erweitern. Sie kann ihr Ziel aber nur erreichen, wenn er mit ihr verheiratet ist. Am 2. Mai 1922 geht die Heirat vor sich. Ein paar Tage danach legt sie als Frau Essenin-Duncan ein Testament zugunsten ihres Mannes nieder. Am 12. Mai fliegen sie nach Berlin. Es wird ihre Hochzeitsreise. Isadora ist bester Stimmung. Sie hat den Geliebten entführt und

Mit Ehemann Serge Essenin (1895-1925). Moskau 1922

will ihm die Kunstschätze des Westens zeigen. Wie wenig kennt sie seine Natur, seine Unzugänglichkeit gegenüber künstlerischen Einflüssen! Essenin ist zwar neugierig auf den Westen, hofft aber vor allem dort mit seiner Dichtung auf den gleichen Erfolg wie in der Heimat und sucht einen Verleger. Isadora nährt diese Hoffnungen.

16 In Berlin treffen sie auf die russischen Schriftsteller Alexis Tolstoj, Ilja Ehrenburg, Maxim Gorki. Diese bringen dem Lyriker der jungen Generation große Bewunderung entgegen. Zwei Abende werden für ihn veranstaltet. Er liest seine Gedichte. Sein hinreißender Vortrag ist die instinktive Äußerung der wesentlichen Elemente seiner Poesie. Ein Zuhörer schildert ihn: »Er ging in die äußerste Ecke des Raumes und trug Teile aus seinem dramatischen Gedicht ›Pugatchev‹, der Geschichte des großen Kosakenrebellen, vor. Die Stimme war die des südrussischen Bauern, sanft, leicht gedehnt und durchlief eine erstaunliche Stufenleiter des Ausdrucks, vom leisesten Wimmern, das wie eine Liebkosung war, bis zu äußerst wilden, heiseren Schreien. Er selbst ist Pugatchev, der gequälte, lange Zeit hindurch geduldig leidende Bauer, der dann verwirrt, toll, listig, voller Grimm ist und schrecklich in seinem Zorn und dem Verlangen nach Freiheit und Rache... und am Ende verraten, erniedrigt und verlassen... in Singsang ähnlichem Gemurmel erzählt und redet. Er schreit laut, spuckt aus und flucht, sein Körper wiegt sich im Rhythmus der Worte, bis der ganze Raum mit seinen Gefühlsausbrüchen zu schwingen scheint und er, zum Schluß völlig vernichtet, schluchzend zusammenbricht.« Gorki ist ergriffen: »Sein Vortrag war überwältigend, und es war schwer, ihm ohne Tränen zuzuhören... Ich möchte es nicht künstlerisch nennen, solche Bezeichnungen besagen nicht viel beim Vortrag von Gedichten. Seine Stimme klang heiser, bisweilen kreischend. Man konnte kaum glauben, daß ein so kleiner Mensch eine so außergewöhnliche Stärke des Gefühls und eine so vollendete Ausdruckskraft besaß.« Man will seine Gedichte ins Deutsche übertragen und herausgeben.

Isadora trifft auch ihre früheren Berliner Freunde wieder. Als Karl Federn Essenin erstaunt ansieht, meint sie: »Meine Männer werden immer jünger, den nächsten bringe ich auf den Armen im Kinderkleidchen.« Gorki sieht die Situation ernster: »Diese berühmte Frau, gefeiert von tausend Ästheten Europas, an der Seite dieses außergewöhnlichen Dichters aus Riazan, erschien wie das vollendete Symbol all dessen, was er nicht brauchen konnte... Beim Anblick dieser Frau dachte ich, was vermögen die melancholischen Worte Essenins ihr zu sagen.«

Essenin vermißt bald die heimatliche Atmosphäre und verfällt im Kreis junger Emigranten mehr und mehr dem Alkohol. Es kommt zum nervlichen Zusammenbruch. Isadora reist mit ihm zur Erholung nach Wiesbaden. Er legt ein Gelübde ab: »Drei Monate keinen Alkohol!« Er beginnt zu arbeiten und stöhnt in einem Brief an Schneider: »Wäre Isadora doch nicht so launisch und ließe mich irgendwo in Ruhe sitzen...

Ihre geschäftlichen Dinge stehen sehr schlecht – aber sie tut, als mache das gar nichts... springt in ein Auto und saust nach Lübeck, Leipzig, Frankfurt, Weimar. Ich fahre mit in stummer Resignation; denn nach jedem Protest gibt es eine hysterische Szene.« Von Wiesbaden fahren sie nach Ostende und Brüssel. Die drei Vorstellungen im Théâtre de la Monnaie haben eine gute Presse: »Rußland hat sie verjüngt, sie hat zwanzig Pfund an Gewicht und zwanzig Jahre an Alter verloren.« Mit Hilfe einflußreicher Freunde, vor allem Cécile Sorels, erhalten sie beide die zunächst verweigerte Einreise nach Frankreich. Einigen Tagen in Paris folgt ein luxuriöser Aufenthalt in Venedig. Aber Italien mit seinen Kunstschätzen berührt die elementare russische Seele Essenins überhaupt nicht. Nichts findet sich in seiner Dichtung von diesen Reiseeindrücken. Heimweh erfüllt ihn, aber er hat niemand, mit dem er darüber sprechen kann. Wieder in Paris, hört er mit Freude, daß eine Sammlung seiner Gedichte in französischer Sprache erscheinen wird: ›La confession d'un voyou‹, ›Bekenntnis eines Straßenjungen‹. Isadora hat den belgischen Dichter Frans Hellens mit der Übersetzung beauftragt. Sie trägt auch die Kosten der Herausgabe. – Immer fühlbarer werden die Gegensätze der beiden: Isadora ruhelos, geräuschvoll, in Luxushotels und in Restaurants im allabendlichen Gesellschaftstrubel und Barbetrieb und er daneben stumm, als Mann der Duncan vorgezeigt. Mehr als im Hotel Crillon fühlt er sich in der Rue de la Pompe zu Hause, wo Isadora sich in ihrem Beethovensaal auf die geplante Amerikatournee vorbereitet. Die Vorstellungen mit den Moskauer Schülerinnen kommen nicht zustande, da die sowjetischen Behörden, trotz Schneiders Bemühungen und Lunatscharskys Zustimmung, einer Ausreise der Kinder nicht zustimmen.

Ende September verlassen Isadora und Essenin Paris, und am 1. Oktober begrüßen sie bei ihrer Einfahrt in den New Yorker Hafen die Freiheitsstatue. Die Hafenpolizei läßt sie nicht landen; sie müssen an Bord bleiben, alles wird nach roter Propaganda durchsucht und durchleuchtet. Am nächsten Tag werden sie der Kommission der Einwandererquarantäne in Ellis Island vorgeführt. Isadora verläßt das kindische Verhör mit Lachen: »Freigesprochen – nicht schuldig.« Sie ziehen ins Waldorf Astoria Hotel. Am 7. Oktober gibt Isadora den ersten ihrer drei Abende in der Carnegie Hall. Sie tanzt Tschaikowskys 6. (pathetische) Symphonie und den ›Slawischen

Marsch‹ und in den späteren Vorstellungen mehrere Wagnerkompositionen und den Brahms-Walzer. Alle Vorstellungen sind ausverkauft. Am Schluß hält sie ihre Ansprache an das Publikum: »Warum gab mir Amerika keine Schule?... Warum will Amerika Rußland nicht die Hand reichen, wie ich es getan habe?« Ihre Freunde und Hurok sind entsetzt über die unsinnige Rederei. In Boston wird es noch schlimmer. Essenin hängt eine rote Fahne aus dem Fenster ihres Ankleideraumes in der Symphony Hall und schreit: »Lang lebe der Bolschewismus.« Er redet zu den Passanten, aber da er russisch spricht, verstehen sie ihn nicht. Isadora deklamiert in gereizter Stimmung zum Publikum, und schreiend schwenkt sie am Schluß ihren roten Schal über dem Kopf: »Das ist rot! Ja, so bin ich! Es ist die Farbe des Lebens und der Kraft. Ihr wart hier einst frei. Laßt euch nicht zähmen!« Fluchtartig verlassen viele Zuschauer den Saal, nur die Harvard Studenten bereiten ihr eine stürmische Ovation. Am nächsten Tag verkünden amerikanische Zeitungen in Blockbuchstaben: »Rote Tänzerin schockiert Boston«, »Duncan in flammendem Schal erklärt, sie ist rot«. Man übertreibt maßlos: Sie habe sich die roten Kleider vom Leibe gerissen, damit gewinkt und nackt auf der Bühne gestanden. Der Bürgermeister von Boston verbietet weitere Vorstellungen.

Auch andere Städte sagen die geplanten Abende ab. Ein puritanischer Fanatiker verlangt die Ausweisung des ›liederlichen bolschewistischen Frauenzimmers‹. Isadora erklärt dagegen: »Ich würde lieber völlig nackt tanzen, als in halbbekleideter Zweideutigkeit umherzustolzieren, wie es manche Frauen heute in den Straßen Amerikas tun.« – In Chicago, wo sie begeistert aufgenommen wird, verkündet sie: »Ich werde nach Moskau zurückgehen, wo es Wodka, Musik, Dichtung und Tanz gibt. O ja! – Freiheit.« – In Indianapolis ist der Bürgermeister bereits alarmiert. Noch auf der Plattform des Eisenbahnwagens hat Essenin wieder geredet. Vier Polizisten werden auf die Bühne gestellt und müssen aufpassen, daß die Tänzerin nicht zuviel auszieht und keine obszönen Bewegungen macht. In einem Pressebericht begründet der Bürgermeister seine Anordnungen. »Widerwärtig, pöbelhaft«, meint Isadora. Die Polizisten brauchten nicht in Aktion zu treten. Still und ohne Bewegung nimmt die Tänzerin den Beifall entgegen. Sie hat Hurok versprochen, keine Reden mehr zu halten. Die weitere Tournee – soweit nicht abbestellt – verläuft ohne Zwischenfälle und endet Weihnachten an einem Abend in Brooklyn. Der Pfarrer der Markuskirche im Armenviertel Bowery hat sie eingeladen, am Heiligen Abend in der Kirche zu tanzen und über ›die moralische Wirkung des Tanzes auf die menschliche Seele‹ zu sprechen, aber der Bischof von New York verbietet die Veranstaltung. Im Januar 1923 gibt Isadora ihre beiden letzten Vorstellungen in New York. Sie ist der Pressefehden müde, und der nervöse Zustand Essenins macht ihr ernste Sorgen. Das Waldorf Astoria mußten sie bereits wegen seiner turbulenten Szenen verlassen. Seine Depressionen verstärken sich, da er und seine dichterischen Arbeiten von der amerikanischen Gesellschaft überhaupt nicht beachtet werden. Er flüchtet in den Alkohol – mit seltenem Geschick in jener Zeit der Prohibition – und jammert: »Ich denke immer darüber nach, warum Reisen für mich so fürchterlich ist; ich weiß nicht, was geschehen würde, wenn ich eine Weltreise machen müßte... Ich liebe Amerika nicht, es herrscht da eine schreckliche Atmosphäre, in der nicht nur die Kunst, sondern alle Ansätze von Menschlichkeit zugrunde gehen.« Beide wollen, müssen nach Europa zurück, aber es fehlt an Reisegeld. Trotz der Tournee-Einnahmen haben sie keinen Pfennig. Ihr ›darling‹ hatte sich einen ansehnlichen Betrag beiseite geschafft und, da

›shopping‹ sein einziger Zeitvertreib war, mehrere Koffer mit Sachen vollgestopft. Isadora pumpt Singer an. Am 3. Februar verlassen sie New York. Es hatte eine stürmische Abschiedsfeier gegeben, auf der der betrunkene Essenin wieder einmal alle Wut an Isadora ausließ. Mit einem geschwollenen Gesicht und ›blauem Auge‹ hält sie am Pier eine Rede an die Reporter, in der sie sich über die argwöhnische Aufnahme in der Heimat und die mangelnde Hilfe für ihre hungernden Schülerinnen in Moskau beklagt.

An Bord schwenkt sie, um die Amerikaner zu ärgern, eine rote Fahne: »In Rußland ist Freiheit; hier weiß das Volk nicht, was das ist... Leb wohl, Amerika! Ich werde dich niemals wiedersehen!« – Sie meint unter Tränen: »Ich bin dort nicht erwünscht.«

In Paris ziehen sie, obwohl von der Singerschen Spende nicht mehr viel übrig ist, wieder ins Hotel Crillon. Essenins Zustand steigert sich zum Delirium. Er zerstört das Mobiliar seines Zimmers, die Polizei muß einschreiten. Bei ihrem Anblick schweigt der Tobende und läßt sich abführen. Sie müssen das Hotel verlassen. Isadora ist ohne Einfluß auf ihn. Er liebt und haßt sie zugleich; aber es ist, wie auch bei seinen anderen Frauen, keine tiefe, sich selbst aufgebende Liebe. Er braucht die Frauen zur Überwindung von Einsamkeit und Verzweiflung und aus körperlichem Bedürfnis. Auch mit seiner Kunst haben sie nichts zu tun, geben ihm keinerlei Anregung. Die mit Isadora verbrachte Zeit, das Herumreisen im Ausland zerstört sein seelisches Gleichgewicht, läßt seine dichterische Schaffenskraft erlahmen. Die damaligen Verse beleuchten seinen Zustand:

»Wieder trinkt man, schlägt sich und heult zu dem traurigen gelben Akkordeon. Man verflucht sein Geschick, denkt nur an die alte russische Heimat.

Ich neige mein Haupt, ich tränke meine Augen in Wein, um mein Unglück nicht mehr zu sehen, um zu vergessen, und sei es nur für einen Augenblick.«

Den wachsenden Grad der Verzweiflung zeigt ein Gedicht, das in Paris kurz vor der Rückkehr nach Rußland entstanden ist:

»Singe doch, sing! Auf der verfluchten Gitarre tanzen deine Finger umher. Ich möchte mich ertränken in dieser Orgie, mein letzter, mein einziger Freund.

Schau nicht auf ihre Armbänder, nicht auf die Seide, die von ihren Schultern rieselt. Ich hab in dieser Frau die Lust gesucht und fand in ihr mein Verderben.

Ich wußte nicht, daß die Liebe eine ansteckende Seuche, wußte nicht, daß die Liebe die Pest ist. Sie kam und hat mit ihrem Augenzwinkern den jungen Bengel verrückt gemacht.

Singe, Freundchen, singe! Sing mir immer wieder von unserer wilden Jugend, von damals! Was macht es mir, daß sie einen anderen küßt, diese Dirne da, diese junge, so hübsche.

Doch hör auf, ich will sie nicht beleidigen, hör auf, ich will sie nicht verfluchen. Ich will dir von mir erzählen, dir singen auf leiser Saite.«

Essenin drängt nach Rußland zurück, und Isadora schickt ihn mit ihrer Zofe nach Berlin. Aber er fährt von dort nicht weiter, schickt Telegramme: »Browning wird deinen Liebling töten.« – »Wenn du mich liebst, komme sofort, schnell, schnell!« Sie leiht sich 60000 Francs, fährt mit dem Auto nach Berlin und holt ihn nach Paris zurück. Sie wohnen nun in der Rue de la Pompe. Zwei Vorstellungen im Trocadéro bringen so wenig ein, daß sie ihre Möbel verkaufen muß, um zu leben und das Reisegeld nach Moskau zusammenzubringen.

André Levinsohn, der bekannte russische Kritiker, besucht diese Vorstellungen im Trocadéro und ist bestürzt über den Wandel, der mit der Tänzerin vor sich gegangen ist. Zehn Jahre zuvor hatte er sie noch im kaiserlichen Rußland bewundert und geschrieben: »Die Duncan hält sich in den Grenzen natürlicher Bewegung. Ihr Tanz ist ein freies Laufen; das flatternde Gewand ist kein Hindernis bei weiten Sätzen; der gymnastische Schritt, das Schweben auf halber Spitze sind gleichfalls Varianten eines Dynamismus, der Kunstfertigkeit vermeidet. Der Kopf wird nach vorne geneigt oder zurückgeworfen, die geschmeidigen Handgelenke arbeiten unabhängig vom Arm und werden zu einem besonders entwickelten Ausdrucksmittel, wie es beim Tänzer in der Antike war.

... Wie muß ich zurückdenken an die aufrechte, edle Haltung des kleinen Kopfes, an den kraftvollen Körper einer Amazone. (...) Gestern sah ich zu meinem Schmerz die wenigen noch gebliebenen Züge in einem gedunsenen Gesicht, den Nacken und die massigen, von viel zu kurzer Tunika enthüllten Schenkel. Nichts war mehr übrig von der einst so eindrucksvollen plastischen Gestalt. Ihr Spiel erschien monoton, ärmlich, ihr Gang schwer, ihr Lauf müde. Die Arme, die Handgelenke haben ihre Geschmeidigkeit verloren. Nur die Finger haben die Bewegungen eines Dirigenten, der den unsichtbaren Musikern den Takt angibt. Von dieser ganzen beklemmenden Vorstellung, wo der unmittelbare naturalistische Ausdruck jedes rhythmische oder plastische Bestreben verdrängt hatte, ist mir etwas in Erinnerung geblieben: Ich sehe die Tänzerin mit ausgestreckten Armen wie an ein imaginäres Kreuz genagelt, der Körper hingesunken, die Knie gebeugt, die Beine breit, gewaltsam ausgespreizt; oder, wie sie den Kopf zur Seite neigt und der Oberkörper herübergestürzt ist, während die kurzen Haare über den Boden fegen. Diese beiden Stellungen – beinahe die Groteske streifend – wachsen zu schmerzhafter Größe empor...«

Sobald Essenin aus dem Sanatorium in St. Mendé, wohin ihn die Polizei nach einem Anfall gebracht hat, entlassen ist, machen sie sich in den ersten Augusttagen auf den Heimweg. Der Dichter notiert in sein Tagebuch: »Ich habe es sehr eilig, dieses Europa, diesen Alptraum zu verlassen und wieder nach Rußland zu kommen... In meinem Kopf rumort Moskau, Moskau, ich schäme mich... Bei meiner Rückkehr, als ich die Grenze überschritt, habe ich geweint und habe die Erde geküßt...« Die Heimkehrfreude ist so groß, daß er sich betrinkt und im Wodkarausch die Scheiben des Abteils zertrümmert.

Isadora hat längst eingesehen, daß es ein Fehler war, Essenin mit auf die Reise zu nehmen, daß er nur in Rußland leben kann. Hier hat er Anerkennung und seine Gefolgschaft. Zu Schneider, der die beiden auf dem Moskauer Bahnhof abholt, meint sie: »Ich bringe dieses Kind zurück in seine Heimat, aber ich will nichts mehr mit ihm zu tun haben.« In Paris hat sie sich zur Trennung entschlossen.

17 Die Kinder der Moskauer Schule, die noch in Litvinovo in ihrem Sommerquartier sind, bereiten Isadora dort einen herzlichen Empfang. Weniger freundlich ist ein paar Tage später die Stimmung zu Hause. Die Frauen entdecken Isadoras Kleider, Wäsche und eine Menge von Sachen, die sie für sich und Irma gekauft hat, in Essenins Koffern. Es kommt zu einer erregten Auseinandersetzung mit ihm, nach der er sich ein Bündel packt und für Tage verschwindet. Isadora peinigt Eifersucht. Da sie keine Mittel für die Schule aus dem Westen mitgebracht hat, unternimmt sie mit Irma eine Kaukasustournee. Als Essenin ein paar Stunden vor ihrer Abfahrt auftaucht, schließt sie ihn unter Freudentränen in die Arme. Er soll sie begleiten, aber er läßt sich nicht überreden und verspricht mit Schneider nachzukommen. Isadora winkt ihm aus dem Zuge mit ihrem roten Schal nach, bis er ihren Blicken entschwunden ist.

Zuerst treten die beiden Frauen in dem Badeort Kislovodsk auf. Dort treffen sie Isadoras alten amerikanischen Freund Max Eastman, der eine Trotzki-Biographie schreibt. Er nimmt sich der Tänzerinnen an. Dann treibt es sie für zwei Wochen weiter nach Baku, wo sie die Arbeiter der Ölfelder und deren Kinder mit Freivorstellungen beglücken. Sie werden umjubelt. Tiflis ist der nächste Ort der Reise. Hier besucht Isadora die Schule für Ausdruckstanz im Musikkonservatorium. Die kleinen Georgierinnen tanzen ihr Sibelius' ›Valse triste‹ vor. »Scheußlich«, meint Isadora, »die Kinder machen ja die ordinärsten Verdrehungen von Haremstänzerinnen anstelle einfacher schöner Bewegungen.« Bevor sie nach Batum weiterfährt, tanzt sie vor den von Amerikanern betreuten armenischen Waisen und verspricht ihnen rote Tuniken zu schicken, wie ihre Moskauer Schülerinnen sie tragen. In Batum beherbergt die Regierung sie in einer großartigen Villa über dem Schwarzen Meer, aber Isadora hält es in dem vereinsamten Palast nicht aus. Sie ist des Alleinseins müde und zieht zu einem Dichter in die Wohnung. Bald ist sie die Muse der jungen georgischen Künstler und Dichter. Am Strand umgibt sie ständig ein stattliches Gefolge. Für die Matrosen der Schwarzmeerflotte richtet sie eine Gratisvorstellung aus. Als sie nach dem Tschaikowsky-Programm die ›Internationale‹ tanzt, singt man begeistert mit und bereitet ihr eine stürmische Ovation. Von Jalta, wo sie Essenin erwartet, schickt sie Briefe und Telegramme nach Moskau, aber er kommt nicht. Statt dessen erhält sie ein Telegramm, von Galina Benislavskaya unterzeichnet, daß Essenin bei ihr ist und nicht zu Isadora zurückkehren wird. In einem weiteren Telegramm bestätigt Essenin den für Isadora trotz aller eigener Vorsätze aufregenden Inhalt des Telegrammes. Auf ihre Anfrage hin erhält sie keine Antwort mehr. Mit Schneider und Irma reist sie nach Sinferopol weiter.

Galina, Sekretärin an einer Zeitung, die Essenin und seine beiden Schwestern bei sich aufgenommen hat, ist eine anhängliche Freundin. Obwohl er ihr schreibt: »Du stehst mir als Freundin nahe, aber als Weib kann ich dich nicht lieben«, ist sie immer um ihn besorgt. Ein Jahr nach Essenins Tod erschießt sie sich an seinem Grab.

Mitte Oktober ist Isadora wieder in Moskau. Von Essenin gibt es keine Spur, alle Nachforschungen sind vergebens, auch die Freunde behaupten, nichts zu wissen. Dann erscheint er plötzlich bei Isadoras erster Wintervorstellung. Aus den Kulissen schaut er ihrem ›Slawischen Tanz‹ zu, stürzt hinterher in ihre ausgebreiteten Arme. Das Wiedersehen wird im Haus in der Pretchistenka-Straße gefeiert. Als Isadora den bereits Betrunkenen anfleht, nicht mehr weiterzuzechen, springt er auf, knallt dröhnend seine Fäuste auf den Tisch und wankt davon. Als er seine von dem Bildhauer Konenkov geschnitzte Büste auf einem Glasschrank erblickt, holt er sie herunter und stolpert, die Plastik unter dem Arm, mit großem Gepolter ins Freie. Seitdem sieht man ihn nur noch von Zeit zu Zeit kurz in der Pretchistenka-Straße, bis er schließlich ständig fortbleibt. Isadora begrüßt zwar entschlossen die Trennung, aber insgeheim hofft sie doch, daß er zu ihr zurückkehrt. Sie hofft vergebens. Freunden gegenüber meint Essenin: »Ich liebe Isadora sehr, aber ihr vieles Trinken macht es mir unmöglich, mit ihr zusammenzuleben ... sie ist eine bedeutende Frau, intelligent, genial, aber ohne Seele.«

Im November wirkt Isadora neben der Botschafterin Kollontay und der deutschen Kommunistin Klara Zetkin bei der ersten bürgerlichen Taufe mit; sie tanzt umgeben von ihren Schülerinnen Schuberts ›Ave Maria‹.

Die für Anfang des Jahres 1924 durch den Musiker Zinoviev organisierte Ukrainetournee muß wegen Lenins Tod verschoben werden. Obwohl sie Lenin nie persönlich kennengelernt hat, trauert sie wie ganz Rußland über seinen frühen Tod. Sie choreographiert für ihn nach bekannten russischen Liedern zwei Trauermärsche und tanzt sie in Zukunft bei jeder Veranstaltung in der Sowjetunion. – Die Ukrainetournee beginnt in Charkow mit gutem Erfolg, der sich in Kiew, wo sie achtzehn Abende anbietet, noch steigert. Sie ist stadtbekannt. Auf den Straßen ruft man ihr nach, und sie streut Kupferkopeken unter die Bettler. Verjüngt kehrt sie nach Moskau zurück. Sie hat sich einer Diätkur unterzogen und ist allabendlich aufgetreten. Dreißig Pfund hat sie abgenommen.

Im Mai tanzt sie in Leningrad und Witebsk. Da sie ihre Freunde jeden Abend im Hotel de l'Europe in der gewohnten großzügigen Weise bewirtet, reist sie wegen der hohen Hotelrechnung ärmer als zuvor nach Hause. Zur Aufbesserung der Finanzen tritt sie mit Irma und einigen Schülerinnen in Kiew auf, aber diese gemischten Vorstellungen finden wenig Anklang. Nach zwei Wochen fährt Irma mit den Kindern zurück. Isadora setzt die Tournee mit Zinoviev als Manager und dem Pianisten Mark Metchick allein fort. Die Reise führt in den Wolgadistrikt, nach Turkestan, zum Ural und nach Sibirien. Es wird eine große Katastrophe. Oft tanzt sie vor leeren Häusern, weil die Arbeiter kein Geld für Eintrittskarten haben oder die Hitze zu groß ist.

Bald fehlen die Vorhänge, bald gibt es nur eine jämmerliche Bühnenbeleuchtung, oft sind die Theater nicht frei, oft keine Hotelzimmer zu haben, so daß sie auf Bänken im Freien übernachten müssen, dann wieder finden sie vor Wanzen keine Ruhe. Tagelang leben sie ohne jede Kopeke, ohne Essen. Die Behörden geben ihnen lediglich Geld zur Weiterreise.

Isadoras Briefe an Irma sind ein einziger Jammerschrei, bald aus Samara, bald aus Orenburg, aus Samarkand, aus Taschkent, Jekatarinenburg oder Vyatka. Es fehlt ihr an allem, sogar an Henna: ihre Haare werden ganz weiß. Sie fühlt sich »extremly kaputt«, »sterbend«. Am Ende ihrer Kräfte kehrt sie zurück. Bei ihrem Empfang tanzen und singen fünfhundert Kinder vor dem Haus die ›Internationale‹. Sie winkt ihnen vom Balkon mit ihrem roten Schal zu mit Tränen in den Augen. »Was bedeuten all meine Strapazen, wenn ich diese Kinder tanzen und singen sehe unter freiem Himmel in schönen, freien Bewegungen!« Sie studiert mit den Schülern eine Reihe von Tänzen nach Kinder- und Soldatenliedern für künftige Gastspielreisen ein und gibt im Moskauer Kammertheater einige Abende mit Tänzen nach Skrjabin, Liszt, Chopin und nach Revolutionsliedern. Sie rüstet für eine Tournee durch Deutschland, Frankreich, Belgien, um Geld für die Schule zu beschaffen. Ihre letzte überfüllte Vorstellung wird auch von der Frau des Staatsmanns Kalinin besucht. Auf ihre Veranlassung wiederholt Isadora die Vorstellung am nächsten Tag im Bolschoi-Theater vor führenden Vertretern der Regierung und Partei und viertausend jungen Pionieren. Die Begeisterung ist groß. Es ist für Isadora der Höhepunkt ihres großen Wirkens im Sowjetland, als Lunatscharsky eine Rede über ihre außerordentliche erzieherische Leistung durch die Unterrichtung der russischen Jugend im Tanz hält. Später gefragt, welche Periode ihres Lebens sie für die bedeutendste und glücklichste halte, antwortete sie begeistert: »Die russische, allein die russische. Meine drei Jahre in Rußland, mit all ihren Leiden, waren alles, mein ganzes Leben zusammengenommen wert. Dort erfüllte sich mein gesamtes Streben am stärksten.«

18 Am 30. September 1924 fliegt sie über Königsberg nach Berlin. Als bei einer Zwischenlandung, noch auf russischem Boden, Bauernkinder um die Maschine herumstehen, holt sie ihr Grammophon heraus, unterweist die Kleinen in ihren Bewegungen und tanzt vor ihnen, tanzt den Abschiedsgruß an das Land, »in dem die Idee einer neuen Welt geboren wurde, die nichts zerstören kann«.

Im Berliner Blüthnersaal gibt sie zwei Vorstellungen und hält hinterher eine Rede, die in den Zeitungen stark ironisiert skizziert wird: »Was sie sagte, zeichnete sich durch eine große Überschwenglichkeit aus. Sie will in Berlin Arbeitertanzschulen einrichten und führt die Worte zum Glück, von der Freiheit, von der Brüderlichkeit und von der Gleichheit sehr energisch im Munde. Sie redete die Bewunderer ihrer Beine, ob sie wollten oder nicht, als Genossen und Genossinnen an und wiederholte den gleichen Ehrentitel auch noch in russischer Mundart. Sie begab sich schließlich in das Gebiet der hohen Politik und beschuldigte Kaiser Wilhelm II., daß er im Jahre 1905 ihre Tanzkunst mißverstanden und sie deshalb gezwungen habe, mit ihren Getreuen nach Frankreich auszuwandern. All dieses Erzählen geht ein bißchen kauderwelsch durcheinander. Man begriff nicht recht, was Isadora Duncan eigentlich dachte. Man merkte es ihr wohl an einer gewissen Atemlosigkeit an, daß sie ernsthafte Dinge sprechen wollte. Der Ton aber und die Gott sei Dank sehr graziöse Ballerinapose ließen diese ganze Tänzerinnenrede als ein lustiges Intermezzo erscheinen. Trotzdem wäre es besser gewesen, wenn nur die Beine der Frau Duncan gesprochen hätten.«

Ihre früheren Berliner Freunde sind erschüttert. Karl Federn, dem sie 1903 als Idealbild erschien, sieht sie nun zum letzten Mal: »Sie war jetzt eine Ruine, mit kurzem rotgefärbten Haar; die Zahl der Cocktails, die sie täglich trank, war groß, und ihr Tanz, der einst vollkommene Form gewesen war, erschien mir zu intellektuell und programmatisch geworden. Aber immer noch war sie mächtig und reizvoll.« Auch George Seldes stellt die Veränderung fest: »In griechischer Kleidung, mit einem enormen Busen, erschien sie vorzeitig gealtert, die früher eindrucksvollen Arme dick und unrein. Gesichtsfalten, mit Henna rotgefärbte Haare. – Als sie im Atelier tanzt, wirkt sie schön, frohlockend, überirdisch. Sie tanzte nicht (wie früher), sie bewegte sich langsam, ganz wenig. Der Gesichtsausdruck wechselte mit der Musik. In ihrem Gesicht sind alle Gedanken und Erfahrungen und Erfahrungen der Welt, Griechenland, Rom, der Mystizismus des Mittelalters, Rückkehr zum Heidentum, zu den Borgias.«

Der Schriftsteller und Kenner des modernen Tanzes, Fred Hildenbrandt, schreibt im Berliner Tageblatt über dieses letzte Gastspiel in Deutschland: »Es begab sich an diesem merkwürdigen Abend im Blüthnersaal etwas Tänzerisches, etwas Politisches und etwas Menschliches.

Das Tänzerische: eine großgewachsene, füllige, starke, geschminkte Frau ging sehr langsam, ruhend und ausgewogen, mit der Musik über die Bühne, ging manchmal schnell mit rhythmischen Schrittchen, stand manchmal still und reckte die nicht ganz geraden Arme breit nach oben, wies oft mit dem Zeigefinger in die Vorhänge, meistens den Mund krampfhaft offen, die Zähne aufeinander, die heftig bemalten Augen aufgerissen. Dies war nicht mehr Isadora Duncan aus dem Jahre 1902 von Fritz August Kaulbach. Dies war eine ältere, etwas korpulente Dame, sehr mutig, sehr leichtsinnig mit einigen unzuverlässigen Schleiern über der Fülle.

Und das Publikum saß ratlos.

Aber so wahr jene Dinge auf der Bühne so sich zeigten, wie sie eben beschrieben wurden, so wahr ist es, daß immer nahender von dieser Frau, immer heißer und sicherer und unentrinnbarer etwas Starkes, Bezauberndes und Edles ausging; inmitten dieses harmlosen Gehens, Schreitens, Hüpfens, Duckens und Reckens erhob sich in der Musik, im Silberstaub der Scheinwerfer, in der dunklen Luft im Saale, ungreifbar über dieser Tanzenden eine Stimme, die nicht überhört werden konnte, die stärker war als das Kichern, stärker als das Lächeln: die Stimme eines tänzerischen Dämons. Nicht daß sich das Auge getrübt hätte für die Gegenwart und nach innen sich gewandt zu den großen Erinnerungen dieses Namens, nein, ganz klar und wach und mit einem Staunen ohnegleichen sah man den leichten Rhythmus in der schweren Frau, das Heimliche des Wesens vom wahren Tanz, die Tänzerin. Das war sie wieder, Isadora Duncan, die vor zweimal zehn Jahren mit denselben belächelten, barfußen Schrittchen, mit demselben harmlosen Hüpfen das verstaubte Ballett überrannte und ein Wegweiser war. Und diesem Wegweiser in die freiere, individuellere, schöpferische Bewegung gingen alle, alle nach, die heute Namen sind und schöne Kapitel in der Geschichte des modernen Tanzes. Was sind sie alle? Erben eben dieser Frau, die man so leicht belächeln kann, die noch als Hutzelweiblein tanzen und den Schimmer der Tänzerin behalten wird in der mühseligsten und rührendsten Bewegung.

Es begab sich zweitens etwas Politisches und Menschliches zugleich. Nach dem letzten Tanze trat die Duncan an die Rampe, um zu reden, es hatte jemand gepfiffen im Hintergrunde, es ging nicht anders, sie wollte reden. Und wer dabei war und ein wacher Mensch ist, wird empfunden haben, warum ihm diese in einem rührenden Deutsch gehaltene Rede unvergeßlich bleiben wird... War diese Tänzerin ein Politiker? Mit keinem Nerv. Eine Künstlerin war sie, eine Tänzerin, immer betört von der neuen, von der starken Impression, immer stürzte sie entzückt hinter den großen Schauspielern her, wo Schwung ist und Bewegung und Farbe, dachte sie, sei auch ihr Idol... Sklave ihrer Impression, unstet, flüchtig von einer Freiheit in die andere...«

Als sie nach der zweiten Vorstellung ihren Manager aufsuchen will, erfährt sie zu ihrem Entsetzen, daß er mit den gesamten Einnahmen verschwunden ist. Sie ist einem Betrüger in die Hände gefallen. Die polizeilichen Recherchen bleiben ergebnislos. Sie sitzt ohne Geld in einem teuren Hotel. Alle Versuche, ihre Freunde anzupumpen, sind erfolglos. Es ist eine lange Zeit großer Geldknappheit. Auch die Behörden, russische wie deutsche, lehnen jede Hilfe ab. Sie muß feststellen, daß sie sich durch ihre Reden nach der Vorstellung politisch verdächtig gemacht und geschadet hat. »Es war der Startschuß«, so schreibt sie an Irma, »für eine erpresserische und verleumderische Zeitungskampagne gegen mich, unternommen von der Weltpresse. ...Kein Manager, kein Theater will mit mir etwas zu tun haben.« Die Behörden verweigern ihr das Visum nach Österreich, Frankreich, der Tschechoslowakei, so daß die geplanten Gastspiele dort nicht stattfinden können. Aber auch weitere Abende in Deutschland kommen nicht zustande. Sie soll in Hannover auftreten, hat aber nicht das Fahrgeld dorthin. Sie ist in Berlin ›gestrandet‹. Vom Edenhotel wechselt sie ins billigere Zentralhotel über. Da sie auch in Elizabeths Schule in Potsdam kein Unterkommen findet, zieht sie zu dem amerikanischen Musikstudenten Allan Coe auf die ›Bude‹. Coe und sein Freund Martin, ein Gesangsschüler, teilen ihre bescheidenen Monatswechsel mit ihr. Sie wendet sich an die Artistenhilfe um Unterstützung und telegraphiert an Verwandte und Freunde in Frankreich und Amerika um Geld. Das Ergebnis ist kläglich. Bruder Augustin schickt ihr, was er auf seinem schmalen Bankkonto hat. Ende Dezember erhält sie von einem amerikanischen Freund einige hundert Dollar. Damit fährt sie nach Brüssel. Nachdem Cécile Sorel sich wieder für sie verbürgt und ihr das Visum für Frankreich verschafft hat, kommt sie nach Paris.

Dort ist sie bald von Reportern und Verlegern umringt, da sich das Gerücht verbreitet hat, sie wolle die Liebesbriefe all der Jahre veröffentlichen. Amerikanische, englische, französische Zeitungen und Zeitschriften bieten ihr horrende Summen, aber sie hat nie daran gedacht, diese intimen Briefe aus den Händen zu geben. Sie weiß, wie vielen Menschen und Familien sie damit Unannehmlichkeiten bereiten würde.

Verleger regen die Niederschrift ihrer Memoiren an, aber dafür fehlt es ihr jetzt noch an Initiative und Konzentration. Der lange, harte Winter und die Geldnot rauben ihr allen Mut. Auch der Tod ihrer Schülerin Margot trifft sie schmerzlich. Erst als sie mit Raymond in seinem kleinen Ford nach Nizza fahren kann, lebt sie wieder auf. Über seinem Kunstgewerbeladen in der Rue Gambetta bekommt sie einen Raum. Aber sie hält es in Raymonds asketischer Atmosphäre und auf der Holzbank nicht lange aus. Ihr Freund Georges Maurevert, Mitarbeiter der größten Nizzaer Zeitung, besorgt ihr ein billiges Zimmer im Hotel Negresco an der Promenade des Anglais. Einen anderen Freund beredet sie, ihr ein leerstehendes Theater im California Distrikt zu mieten. Dort will sie Tanzabende veranstalten und – wie könnte es anders sein – eine Schule einrichten. Irma soll mit den besten Schülerinnen aus Moskau herbeigeholt werden. Augustin schickt ihr Geld zur Einrichtung. So entwickelt sich alles günstig. Die fast Fünfzigjährige hat einen Kreis wertvoller Freunde um sich, außer Maurevert den Engländer Frank Harris, den spanischen Novellisten Blasco Ibanez, Jean Cocteau im nahen Cap Ferrat. Gäste aus aller Welt besuchen sie und laden sie ein zu Lunch und Dinner. Sie hat am Meer, in der Rivieralandschaft mit dem Badeleben in Nizza und im oft besuchten Juan les Pins

Jean Cocteau, Zeichnung

eine neue Heimat, neue Aufgaben gefunden. Auf dringendes Anraten der Freunde beginnt sie mit dem Diktat ihrer Memoiren. »Aber« – stellt Maurevert fest – »Isadora, die im Anfang wie auf der Höhe ihrer großen Erfolge die Aktivität selbst verkörpert, war in allen Dingen träge und indifferent geworden. Sie konnte sich nicht entschließen, mit den Memoiren anzufangen, trotz des Vermögens, das dabei herauskam.« – Doch es hält die Ruhelose nicht in ›Kundrys Garten‹, im Herbst 1925 ist sie wieder in Paris.

19 Mit Hilfe ihres Freundes André Arnyvelde sucht sie die Kommunistische Partei für eine Schulgründung zu gewinnen. Sie lädt die Parteiführer ein und serviert ihnen für ihr letztes Geld Cocktails und Kaviarbrötchen. Aber alles ist vergebens. Fast mittellos wechselt sie von einem Pariser Quartier ins andere. Schließlich muß sie sich das Reisegeld nach Nizza wieder zusammenpumpen. Aber schon bald ist sie wieder in Paris zu sehen bei erneuten, ebenso erfolglosen Verhandlungen mit führenden französischen Kommunisten und dem sowjetischen Gesandten Rakowsky wegen der Ausreise der Schülerinnen aus Moskau.

Am Silvesterabend 1925 erhält Isadora die Nachricht vom Selbstmord Essenins. Seit ihrer Rückkehr aus der Sowjetunion hat sie kaum etwas von ihm gehört. Er hat nach der Trennung ein ruheloses Leben geführt. Bald ist er in Leningrad, bald in Moskau. Mehrere Monate hält er sich im Kaukasus auf. In Baku findet er eine Zeit zu fruchtbarer Arbeit: »Vielleicht das beste, was ich jemals geschrieben habe«, meint er selbst. Ende Februar 1925 wieder in Moskau, zieht er zu Sofia Andreyevna Tolstoj, einer Enkelin Leo Tolstojs. Im September wird geheiratet. Die Ehe ist aber wenig glücklich, und da Essenin und Isadora nicht geschieden sind, fehlt ihr die Rechtsgültigkeit. Essenin beginnt erneut zu trinken und die Nächte in den Moskauer Kneipen zu verbringen. Auf Zureden seiner Schwester begibt er sich im November in ein Nervensanatorium. Am 22. Dezember reist er nach Leningrad, und in der Nacht vom 27. zum 28. erhängt er sich. Zuvor hat er sich die Pulsader der linken Hand geöffnet, das Blut in einer etruskischen Vase, die Isadora ihm geschenkt hatte, aufgefangen und damit sein letztes Gedicht an einen Freund niedergeschrieben:

Auf Wiedersehen, mein Freund, auf Wiedersehen!
Mein Lieber, du bist da, in meiner Brust.
Diese unbestimmte Trennung
Verspricht uns künftiges Wiedersehen.

Leb wohl, mein Freund, ohne Händedruck und ohne Worte,
Sei nicht traurig, runzle nicht die Stirn!
In diesem Leben ist es nichts neues mehr, zu sterben,
Und zu leben ist sicher nicht viel neuer.

Isadora ist von dem Ende Essenins sehr ergriffen und protestiert gegen sensationell aufgemachte Zeitungsmeldungen: »Er hat seinen jungen, herrlichen Körper zerstört, aber seine Seele wird ewig in der Seele des russischen Volkes leben und in den Seelen aller derer, welche die Dichtung lieben. Ich protestiere energisch gegen die frivolen und ungenauen Darstellungen der amerikanischen Presse in Paris. Niemals gab es zwischen Essenin und mir Streit oder Scheidung. Ich beweine seinen Tod in schmerzlicher Verzweiflung.« Sie betrachtet sich als die Witwe des Dichters. Als Erben werden die verschiedenen Kinder, die Eltern und Geschwister des Dichters vom sowjetischen Gericht festgestellt. Isadora wird in dem Beschluß nicht aufgeführt. Sie hat die Erbschaft zugunsten von Essenins Mutter und Schwester ausgeschlagen.

Am Karfreitag 1926 gibt Isadora in ihrem Studio an der Promenade des Anglais, das mit weißem Flieder und Lilien, mit Kerzen und Alabasterlampen stimmungsvoll dekoriert ist, eine Vorstellung, aber die Unkosten verschlingen die Einnahmen. Im Juni mietet sie ein Auto und fährt ›auf einen Sprung‹ nach Paris. Sie wohnt im Hotel Lutetia. Den Wagen behält sie dort für ihre Fahrten in der Stadt und im Bois de Boulogne. Mit zwei jungen Freunden, dem Journalisten Walter Shaw und dem Dichter Marcel Herrand, ihren ›beiden Täubchen‹, geht es zurück nach Nizza. Die Reise kostet ein kleines Vermögen. Im

Auf der Promenade des Anglais,
Nizza Januar 1926

September veranstaltet sie im Studio einen Liszt- und Wagner-Abend. Von einem kaukasischen Pianisten begleitet, tanzt sie Liszts Dante-Sonate, ›Funérailles‹ und die ›Legende vom heiligen Franz, den Vögeln predigend‹, anschließend Wagners ›Träume‹ und Isoldes Liebestod. – Die Kritik in ›Dance file‹ würdigt diesen Abend: »Man sah, daß ihre Kunst sich geändert hatte, sie bewegte sich nur noch wenig, stand fast immer ruhig da oder machte schöne, langsame Schritte mit schönen, ruhigen Armbewegungen zur Musik, suchend, aufspürend, findend. Über ihr Gesicht, sich hierhin und dorthin neigend, flogen die furchtbaren Blicke der Tragödie, des Wissens, der Liebe, der Verachtung, des Schmerzes. Wenn Isadora die Werke Wagners, die Geschichten Dantes, die rührende Legende vom heiligen Franz darstellt, wie er seine Vögel mit Brot und Weisheit füttert, ist sie noch immer großartig. Durch sparsame Beschränkung erreicht sie eine Auswahl. Als ob die Bewegungen des Tanzes ihrer Seele überflüssig geworden wären, bewahrte sie sich vom Tanz nur seine äußere Gestalt.«

Vier Tage später folgt ein Rezitationsabend zusammen mit Jean Cocteau. Isadora tanzt zu seiner Vorlesung des ›Orphée‹. Dann folgt das Ballettlibretto ›Les mariés de la tour Eiffel‹, das Cocteau für das schwedische Ballett Rolf de Marés geschrieben hat; zum Schluß rezitiert Marcel Herrand seine eigenen Gedichte. Die Zeitung ›La France de Nice et du Sud-Est‹ schreibt dazu:

»...Orphée. Der Dichter las ihn vor, und während noch jeder ganz aufgeregt war über das Bild des Orpheus, der sich auf den Weg macht, um Eurydike wiederzugewinnen, tanzte Isadora. War es Tanz? War es Pantomime? War es Tragödie? Ganz gleich. Es war Kunst, und es war von übermenschlicher Schönheit. Man hielt den Atem an, und man litt die höchste Angst mit, die zum Ausdruck kam. Nicht anders war das griechische Kunst-

STUDIO ISADORA DUNCAN
343, PROMENADE DES ANGLAIS — NICE

— MARDI 14 SEPTEMBRE 1926 A 5 HEURES —

RECITAL JEAN COCTEAU
AVEC LE CONCOURS D'ISADORA DUNCAN
DE L'AUTEUR ET DE MARCEL HERRAND

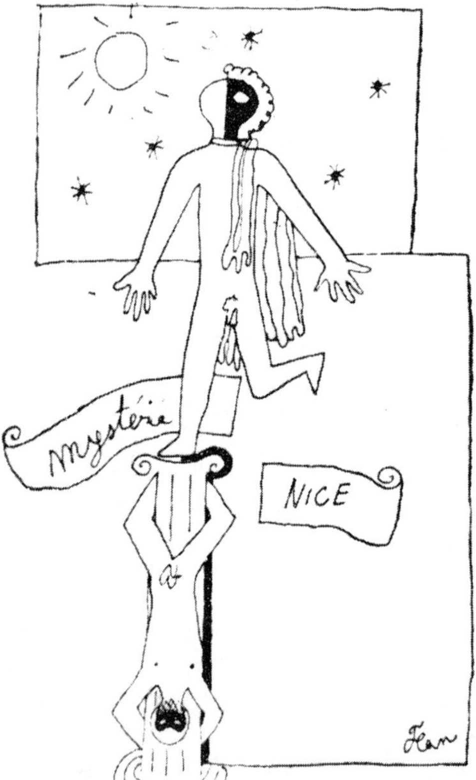

Programm-
umschlag
der letzten
Vorstellung
in Nizza,
September
1926, mit
Jean Cocteau

werk ...« Nach diesen Vorstellungen kehrt sie mit Shaw und Herrand wieder nach Paris ins Hotel Lutetia zurück. Dort ist sie wie in Nizza von einer Eskorte junger Männer, Maler, Dichter, Schauspieler umgeben. »Ich liebe junge Männer, sie sind meine Schwäche, und ich bin sehr schwach. Blasco Ibañez nennt mich den weiblichen Casanova Amerikas; ich glaube, er hat recht.« Ihre grenzenlose Gastfreundschaft – meist auf Kosten anderer – wird oft ausgenutzt. Wenn sie eingeladen ist, bringt sie häufig hungrige Künstler mit.

Sie führt Verhandlungen wegen ihres Besitzes in Neuilly. Die rückständigen Steuerschulden sind auf 10000 Francs angewachsen. Da sie nicht zahlen kann, wird das Anwesen versteigert. Alle Bemühungen, dies abzuwenden, sind erfolglos. Es wird für den völlig unzureichenden Preis von 310000 Francs zugeschlagen. Ihre Freunde wollen dies in einem Einspruchstermin rückgängig machen, sie bilden ein Komitee, dem namhafte Persönlichkeiten wie Georges Duhamel, Fernand Divoire, Paul Boncour, Antoine Bourdelle, Lotte Yorska, Cécile Sartoris angehören. Von Bourdelle, Gordon Craig, Paul Boncour, Lady Ruthermore werden wertvolle Sach- und Geldspenden gemacht. Das Haus soll als ›Duncan Memorial School‹ eingerichtet und Isadora zeitlebens als Wohnung überlassen werden.

Inmitten aller finanziellen Schwierigkeiten findet Isadora Trost in einer neuen Liebe. Auf einer Gesellschaft bei Miss Marvine lernt sie den 24jährigen, aus Batum stammenden Pianisten Victor Seroff kennen. Sie ist von seinem Klavierspiel begeistert: »Er ist ein Genie ... ich habe eine Nase für Genies.« Täglich besucht sie ihn in seinem Studio, einem Bungalow im Bois de Boulogne, während er übt oder ihr stundenlang vorspielt: Beethoven, Mozart, Schubert, Tschaikowsky oder Wagner. Sie macht ihren ›Mitri‹ mit ihren Freunden bekannt, nimmt ihn zu Empfängen in die sowjetische Botschaft mit, zu Leuten, von denen sie sich finanzielle Hilfe erhofft, zu überspannten Amerikanerinnen. Sie findet Mitri genial und ›perfectly sweet‹; sie will ihn immer hören, weil er die Stimme Essenins hat. »Er ist der süßeste Junge auf der Welt und unfähig, auch nur einen Teller zu zerwerfen.« Mitri ist seit mehreren Jahren mit der amerikanischen Malerin Sylvia Harvey befreundet. Sie haben zusammen Reisen durch Deutschland, Österreich und Frankreich gemacht; ihre Beziehungen sind inzwischen gelockert, aber nicht gelöst. Isadora stört das nicht. Sie ist ganz im Bann seiner schmalen, schwarzen Augen, der dichten, schwarzen Locken dieses orientalisch semitischen Typs mit seinem immer fröhlichen Lächeln. Sie möchte mit ihm nach Nizza reisen, kann aber ihr Hotel wegen der unbezahlten Rechnungen nicht verlassen. Als rettender Engel erscheint ihre Freundin, die Schauspielerin Lotte Yorska und löst sie aus. Leichten Herzens fährt das Paar gen Süden.

Als sie in Nizza ankommen, finden sie Wohnung und Studio kalt, weil es an Kohlen fehlt, und ohne Licht, weil die Stromrechnung nicht bezahlt wurde. Jeanne, die treue Wärterin, jammert, daß nichts zu essen da ist. Sie hat seit Monaten keinen Lohn erhalten. Isadora zündet Kerzen an und tanzt nach dem Grammophon aus Beethovens Neunter Symphonie. Mitri meint: »Sie ist wie ein Kind, aber hat eine große Seele.« Isadora gibt ihre Wohnung auf, und die beiden ziehen in zwei kleine Zimmer einer billigen Pension in nächster Nähe des Studios.

Zwei junge Engländer, der Maler Gabriel Aktin und der Journalist Sewell Stokes, sind oft mit Isadora in dieser Nizzaer Zeit zusammen. Sie erleichtern ihr die Einsamkeit und lassen sich die Nächte hindurch aus ihrem Leben erzählen. Sie vertraut ihnen vieles an und beant-

Zeichnung von Jean Cocteau. Nizza 1926

wortet ihre Fragen oft mit stundenlangem Redeschwall. Sie ist den jungen Freunden dankbar für ihre Geduld, und eines Nachts, im Frühjahr 1927, tanzt sie vor ihnen im Studio ›Das Mädchen und der Tod‹. Es ist nach Stokes' Buch, ›Intimate Portrait‹, ihr letzter Tanz in Nizza: »Isadora stand am Ende des Studios, bewegungslos, eine weiße Figur, ihr Gewand raffend. Ganz langsam, so langsam, daß man kaum ihre Bewegung sah, ging sie ihren Weg quer durch den Raum, von Zeit zu Zeit sich ängstlich umblickend nach dem vermeintlichen Schatten des Todes. Schritt für Schritt rückte der Schatten, den man fast zu sehen glaubte – so groß war die Kraft ihrer Darstellung – auf sie zu, bis sie am Ende stehenblieb und schließlich, hoch aufgerichtet, in seinem Griff erstarrt war.«

Den Bemühungen Augustins gelingt es, in Amerika einen Verleger für Isadoras Memoiren zu finden. Nach vielem Hin und Her kommt ein Vertrag zustande. Isadora soll 2000 Dollar im voraus erhalten. Weitere 500 Dollar sollen nach Vollendung des Manuskriptes gezahlt werden. Bis Ende Mai 1927 soll sie dieses abliefern. Schon bald ist sie unglücklich über den Vertrag und meint, man habe ihre Zwangslage ausgenutzt.

Im Frühjahr 1927 bringen die Zeitungen in Großbuchstaben auf der ersten Seite die Nachricht von einem Selbstmordversuch Isadoras. Sie hat oft mit dem Gedanken an Selbstmord gespielt. Nach dem Tod Essenins schreibt sie an Schneider nach Moskau: »Ich bin selbst so unglücklich, daß ich oft daran denke, seinem Beispiel zu folgen, aber auf andere Weise. Ich würde das Meer vorziehen.« Isadora hat mehrere Leute zum Essen in ihre Pension eingeladen: den englischen Captain Patterson mit seiner Freundin, die mit Mitri befreundete Amerikanerin Alice Spicer mit ihrem Freund Ivan und ein den anderen unbekanntes junges Paar. »Nach dem Essen wurde viel getrunken«, so die Darstellung Mitris. »Isadora zwang Alice Spicer, mitzumachen. Als dies Alice schlecht bekam, half ich ihr ins Bad und ließ sie dann in meinem Zimmer ausruhen. Als ich in das Eßzimmer zurückkehrte, rief man mir zu: ›Was haben Sie gemacht? Laufen Sie zum Meer!‹ Isadora wollte Selbstmord begehen ... und wirklich, ich war nur ein Stück gelaufen, als ich Patterson traf, die vom Meerwasser völlig durchnäßte Isadora führend.« Die Zeitungen malen die Sache weiter aus: Isadora gerät mit Mitri wegen seiner Freundin in Streit. Er springt auf, rennt in sein Zimmer und schließt sich mit der Freundin ein. Isadora bettelt und fleht an der Tür, aber auf ihr Klopfen und Rufen öffnet er nicht. Sie nimmt ihren Mantel und rennt ins Meer.

Reporter und Freunde kommen, um sich über das Geschehen zu erkundigen. Sie schwächt die Zeitungsmeldungen und kursierenden Gerüchte ab:

»Keine Orgie, die Gäste waren weg; nichts zu trinken im Haus; ich war allein und fühlte mich einsamer als je. Keiner hatte mich nötig. Ich ging ins Wasser und hatte das Gefühl, daß mich jemand am Arm führte, der für alles verantwortlich war. Es war ein eigenartiges Gefühl; er hatte völlige Gewalt über mich... Ich bin zu berühmt. Die Leute wollen immer sehen, was ich mache, und was ich auch immer tue, sie übertreiben es und publizieren es in den Zeitungen der ganzen Welt. Zu berühmt, das ist das Schreckliche bei mir.«

Als sie und Mitri eines Nachts zu ihrer Pension kommen, finden sie diese verschlossen. Der Wirt verwehrt ihnen den Eintritt, weil sie Miete und Kostgeld schuldig sind. Ihre Sachen behält er zurück. Kurz entschlossen fahren sie zum Hotel Negresco und logieren sich dort ein. »Es ist nutzlos, wenn die Leute versuchen, mir das Sparen beizubringen: du kannst ja auch einem Elefanten nicht das Radfahren beibringen.«

Als in dem Neuilly-Komitee – veranlaßt durch die sensationellen Selbstmordberichte in den Zeitungen – Meinungsverschiedenheiten entstehen, schickt sie Mitri nach Paris, um die Dinge klarzustellen.

Noch bevor das Geld für die Memoiren eingetroffen ist, präsentiert ihr das Hotel Negresco die auf 9000 Francs aufgelaufene Rechnung. Sie verpfändet dem Hotel den Renault, den ein amerikanischer Freund in der Garage auf ihren Namen eingestellt hat, läßt ihre Koffer zurück und fährt nach Paris mit der Angabe, sie wolle den Erlös ihres Hauses in Neuilly abholen. Sie hat jedoch große Sehnsucht nach ihrem Liebhaber, von dem sie seit seiner Abreise nichts gehört hat.

20 Wieder in Paris, zieht sie mit Mitri in ein Studio-Hotel in der Rue Delambre im Montparnasseviertel hinter dem Café du Dôme. Es ist ein großer Raum, in dem sie mit Mitri Liszts Dantesymphonie probt und Teile ihres früheren Programmes überarbeitet.

Bis in den Mai hinein ist sie mit ihren Memoiren beschäftigt. Die ersten Kapitel über ihre Jugend hat sie schon früher geschrieben. Auch den Teil über den Tod der Kinder schreibt sie selbst unter Tränen. Sie kann dieses traurige Erlebnis keinem Fremden diktieren. Den Freunden gegenüber betont sie immer wieder: »Ich werde *alles* niederschreiben mit meinen eigenen Worten, so wie es mir ergangen ist; aber wirklich *alles*... Aber etwas anderes: kann man wirklich die Wahrheit über sich selbst schreiben? Kennt man sie denn?« – Bei ihren ersten Liebesaffären zögert sie, sie möchte ihre Kunst, ihre Ideen über Tanz und Leben, Freiheit und Schönheit der Nachwelt überliefern. Aber da kommt von dem amerikanischen Herausgeber ein Telegramm: »Genug von Ihren schwülstigen Ideen, schickt Liebeskapitel und macht sie pikant!« Sie muß zugeben: »Ja, ich habe 20000 Wörter geschrieben – und bin noch Jungfrau.« Sie beginnt nun mit ihren Liebesaffären. »Ich sprach zur Welt von meiner Kunst, aber sie sind nur an meinem Körper interessiert. Und was kommt es auf meinen Körper an? Nichts! Ich würde ihn ohne Bedenken verkaufen. Aber niemals könnte ich meine Kunst und meine Ideale verkaufen. Es ist ein verrücktes Zeitalter, das an mir nur als weiblichem Casanova Gefallen finden kann... Was für ein Narr war ich, immer zu versuchen, der Welt Schönheit zu bringen!« Oft ist sie völlig verzweifelt: »Der Herausgeber schickt mir ein paar Dollar, jedesmal wenn ich ihm tausend Worte überlassen habe. Aber wie kann man unter solch schrecklichen Umständen schreiben? Wenn ich lese, was ich geschrieben habe, könnte ich heulen. So wie letzte Nacht. Natürlich könnte ich nie ein guter Schriftsteller sein, meine ganze Kunst liegt in meinem Tanz. Aber wenn ich Zeit hätte und nicht in einem Hotelschlafzimmer schreiben müßte, könnte ich besser arbeiten. Vor Jahren war es mein Ehrgeiz, der Welt meine Lebensgeschichte zu erzählen. Jetzt, wo ich es tun möchte, kann ich es nicht. Ich muß schreiben, was der Herausgeber wünscht, und zwar schnell, um ein paar Dollar zu bekommen, um meine Rechnungen zu bezahlen.« Trotz ihrer eigenen, oft trostlosen Lage vergißt sie nie das Schicksal anderer, nach ihrer Meinung unschuldig Verfolgter. Für die in Amerika zum Tod verurteilten Anarchistin Sacco und Vanzetti besucht und veranstaltet sie Versammlungen, demonstriert sie vor der Amerikanischen Botschaft. Für das der Spionage verdächtige Ehepaar Borodin wendet sie sich persönlich an den chinesischen Botschafter.

Sie bleibt der Mittelpunkt ihres großen Pariser Freundeskreises. Ein häufiger Besucher ist der Kommunist und frühere Deputierte Charles Rappaport, mit dem sie nächtelang diskutiert. Manche ihrer Freunde verabscheuen den kleinen bärtigen Gorilla, aber Isadora erklärt: »Ihr dürft nicht auf das Äußere sehen, Rappaport ist eine große, gute Seele. Er ist die Intelligenz selbst. Nur zwei Dinge zählen im Leben – Güte und Intelligenz. Aber Güte an erster Stelle.« Viele Besucher kommen aus Amerika, ihre Freundin Mary Desty, Mercedes d'Acosta, der Fotograf Edward Steichen, der mit ihr in Griechenland war. Endlich besucht auch die langerwartete Irma sie, die ihr von der Moskauer Schule und der Tournee mit den Schülerinnen durch Sibirien und China berichtet.

Am 8. Juli gibt Isadora im Pariser Mogador eine Matinée. Im Publikum sind zahlreiche Freunde, darunter Yvette Guilbert, Cécile Sorel, John Emerson, Fernand Divoire, Anita Loos, Henriette Sauret. Sie tanzt Francks ›Rédemption‹, das ›Ave Maria‹ und den zweiten Teil der ›Unvollendeten‹ von Schubert. Den Schluß bilden Wagners Tannhäuser-Ouvertüre und Isoldes Liebestod. Sie wird vom Pasdeloup-Orchester unter Albert Wolff begleitet. Der Beifall ist groß, und auf der Bühne häufen sich die Blumen. Isadora kommentiert allerdings: »Es wäre mir lieber gewesen, wenn sie mir Champagner geschickt hätten, solange ich noch lebe. Sie können Blumen schicken, wenn ich tot bin, was bald sein wird, wenn sie für mich keinen Platz zum Tanzen finden.« Yvette Guilbert ist sehr beeindruckt: »Heute ist sie eine Statue, eine mächtige Architektur, von einem großen primitiven Meister in Stein geformt. Eine ausdrucksvolle Gewalt, die uns außer Fassung bringt, und von tiefgründiger Sprache.« Henriette Sauret schreibt: »Arme große Isadora! Nach der Vorstellung, nach Applaus und Hervorrufen sah ich sie noch einmal vor den blauen Vorhängen, zwischen Bergen von zitternden Blumen, wie sie mit freundlicher Geste den Dirigenten und die Musiker an ihrem Triumph teilnehmen ließ. Wir gingen in die Garderobe, um sie zu beglückwünschen. Sie liegt ausgestreckt; ihre nackten Füße kommen aus dem halboffenen Kostüm hervor, ihre schönen Arme sind über dem müden Kopf verschränkt. Der Blick ist trüb, der rotgeschminkte Mund stumm, und ihre roten Haarsträhnen – in Locken gekräuselt wie bei antiken Statuen – fallen schwer über die Schultern. Sie hat sich hingelegt, ohne auf die zarten Kostüme, die sie nacheinander bei der Vorstellung anhatte und dann im wüsten Durcheinander auf den Diwan geworfen hat, viel achtzugeben.

Und in diesem Chaos von zerknüllten, in Regenbogenfarben schillernden Schleiern schien sie eine gestürzte, besiegte Göttin.« Von den Einnahmen der Vorstellung bleibt nicht viel. Glücklicherweise erhält Isadora dreihundert Pfund für die englischen Buchrechte der Memoiren, so daß sie die Pariser Rechnungen bezahlen kann. Alice Spicer fährt Isadora und Mary Desty in ihrem Auto nach Lyon. Von dort nehmen die beiden Frauen einen Mietwagen nach Nizza. Im Negresco, wo sie noch Kredit haben, erhalten sie Aufnahme. Mitri, mit dem Zug gekommen, findet die Lage in Nizza trostlos und fährt nach zwei Tagen mit geliehenem Fahrgeld nach Paris zurück. Er soll sich der Angelegenheiten Isadoras annehmen. Isadora vermißt ihn sehr und ist niedergeschlagen, sobald er nichts von sich hören läßt. Kommt ein Brief, so ist sie wie verwandelt. Aktin und Stokes sind oft Zeugen ihrer Tränen und sehnsüchtigen Seufzer nach ihrem Mitri. »Ich wurde in gewissem Sinne für die Liebe geschaffen, genau so, wie ich zum Leiden geschaffen wurde. Und immer habe ich geliebt und immer gelitten. Ich glaube, ich werde lieben und leiden bis an mein Ende.«

Am 11. September schreibt sie an Mitri über ihre miserable Finanzlage. Sie will versuchen, die Möbel ihres Studios zu verkaufen, um zu ihm nach Paris kommen zu können. »Denk an mich und spiele Skrjabin! Vielleicht wirst du meinem Geiste näher sein, wenn der Körper mit all seinem materiellen Unfug nicht da ist. Es gibt nur wenige begeisternde Höhepunkte im Leben, der Rest ist Humbug... Ich küsse dich mit der Zärtlichkeit meiner ganzen Liebe.«

Isadora plant mit ihrem Freund, dem Manager Hottois, eine Wintertournee durch Südfrankreich und entlang der Riviera. Sie zeigt Interesse für seinen Wagen, in dem er sie nach Hause mitnimmt. Er ist Chauffeur und handelt mit Bugattis. Im Krieg war er Flieger, ist ein ziemlicher Draufgänger, männlich, kräftig und der ›Madonna‹ bald ergeben. Für Isadora ist er Trost in der Sehnsucht nach Mitri: »Ich bin wieder verliebt, das ist es allein, was im Augenblick zählt.«

Beim Anblick des blonden Töchterchens der Hottois' reißt die alte Wunde wieder auf: »Ich kann nicht leben in einer Welt voll schöner, blonder, blauäugiger Kinder. Ich kann nicht, ich kann nicht.« Für den Abend des 14. September hat sie mit Falchetto eine Autotour in seinem Bugatti verabredet. Er holt sie im Studio ab. Als er eintrifft, legt sie ihren roten Schal um und schlingt auch ihren schweren Seidenschal zweimal um den Hals. Sie steigt in den Wagen. Als sich der Bugatti in Bewegung setzt, verwickelt sich das aus dem Fahrzeug hängende Ende des Schals in der Achse des linken Hinterrades. Beim weiteren Anfahren wird Isadoras Kopf nach vorne gerissen. Der Wagen hält – er ist etwa zwanzig Meter gefahren – die Freunde stürzen herbei und finden Isadora leblos. Im Hospital stellt man fest, daß die Wirbelsäule gebrochen ist, daß Kehlkopf und Halsschlagader zerrissen sind.

Die Leiche wird im Studio aufgebahrt, und viele Freunde von der Côte d'Azur kommen, um Abschied zu nehmen. Singer, aufs tiefste erschüttert, sorgt für alles in großzügiger Weise. Nach der Überführung erfolgt am 19. September im Pariser Krematorium des Père-Lachaise die Einäscherung. Raymond, Elizabeth, Mitri, unzählige Freunde, Künstler, Schauspieler, Dichter folgen dem Sarg, der mit ihrem Purpurmantel und der amerikanischen Flagge bedeckt ist. Ein großer Strauß roter Gladiolen trägt auf breitem, roten Band in Gold die Inschrift: »Rußlands Herz trauert um Isadora.« Auch wenn – wie es heißt – die Blumen von ihrer Freundin Mary Desty stammen, ist es eine Erinnerung an die letzten schönen Jahre ihres Lebens. Viele Menschen harren in und vor der Kapelle. Liszts ›Funérailles‹, ein Beethoven-Andante und eine Arie von Bach werden gespielt, dann Schuberts ›Ave Maria‹ und Beethovens ›In questa tomba oscura‹ gesungen. Der Dichter Fernand Divoire hält die Gedächtnisrede. Im Schluchzen der Trauernden verhallen seine letzten Worte:

»Seit vierzehn Jahren, seit dem Tag, an dem wir schon einmal hier zusammen waren, dem Tag, der noch heute

Mit dem Italiener Benoit Falchetto (angeblich), Nizza 1927

in voller Klarheit vor unserem geistigen Auge steht, hat Isadora, sobald sie ihren zerrütteten Körper, ihr Herz und ihre Seele wieder erheben konnte, den erhabenen Tanz der Wiedergeburt getanzt, den Tanz des Leidens, des Kampfes, des Triumphes.

Wo ist jetzt der Triumph? Wir fragen einander und bitten einander um Antwort.

Doch nur in unserer eigenen Hoffnung, in unserem eigenen Glauben finden wir sie.

Eine große Harfe ertönte zum Tanz der Welt, sie tönte zu den Stimmen, die das erhabenste Echo, das unser Geschlecht hörte, wiederholte – die große Stimme ist mit einem Schrei zerbrochen, wie eine Harfe, die in die Flammen geworfen wird.

Wo ist der Triumph? Isadora wollte den Menschen Lebensfreude geben, sie wollte sie lehren, Lebensglut in ihr Innerstes zu senken. Und wir – und jeder von uns – nahmen diese Glut in uns auf und waren vor ihr wie Schüler, wie Kinder. Wir verachteten, was sie verachtete: alles Materielle, Nichtige, Böse und Traurige. Und die Trauer.

Für Isadora, für die dauernde Tragödie ihres Lebens wäre es ein sehr trauriger Chor, hörte man nicht die namenlose Stimme, der auch Sie nun lauschen.

Denn denken Sie daran, in eben diesem Augenblick haben in zwei Erdteilen Tausende, ja Hunderttausende nur ein einziges Wort auf den Lippen: ›Isadora‹.

Dies Wort, das auch wir in dieser Stunde, wenn sich das schwere unerbittliche Tor vor uns öffnet und alle Freude verschließt, unter Tränen und in tiefer Dankbarkeit wiederholen:

›Isadora‹.«

In der Außenwand des Columbariums unter ›Deirdre‹ und ›Patrick‹ und über ihrer Mutter ›Dora Gray Duncan‹ wird Isadoras Asche beigesetzt.

Das tragische Ende Isadoras erweckt Anteilnahme in der ganzen Welt. Zahllos sind die Äußerungen von Kritikern und Freunden in Zeitungen und Zeitschriften. Es sind Dokumente der Bewunderung, ernster Würdigung, des Mitleids und kritischer Betrachtung.

Yvette Guilberts letzter Gruß in ›Œuvre‹:

»...Du weibliches Bild, einzige Göttin, komm herab in das Land der Unwürdigen! Du Wiedererweckerin eines großen Traums und Künderin dessen, was war, was ist und immer sein wird, wir danken Dir, daß Du unseren Durst gestillt hast, den Durst der Künstler, Genius von Fleisch und Blut, menschlich, übermenschlich, der Olymp wird Dich begrüßen, und Dein Eintritt wird die großen Dichter erschüttern. Eines Tages wirst Du zu den Lebenden zurückkehren, auferstanden in Reinheit, Trost spendend wie eine Blume. Vielleicht wird der Samen, den Dein Genius säte, aufgehen und endlich die Rose der Menschlichkeit in den Gärten unseres Lebens erblühen lassen...«

Der ihr bis in die letzten Nizzaer Tage treu verbundene Nachbar *Jean Cocteau:* »Isadora! Meine Träumerei soll ein wenig bei ihr verweilen, bewundernswerte Frau, würdig dieser Epoche und überall dort, wo man von den Regeln guten Geschmacks nichts wissen will, sie durcheinanderbringt und überbietet. Ich möchte Nietzsche und Wilde anführen: ›Sie hat das Beste ihres Tanzes gelebt.‹ Auf Kleinigkeiten kam es ihr wenig an. Sie zwinkerte nicht mit dem Auge wie Artisten, sie schreckte vor nichts zurück. Sie mußte massenhaft leben, jenseits von Schön und Häßlich, mußte das Leben fassen und es Nase bei Nase und Auge in Auge leben. Das war die Schule Rodins. Wenig stört es unsere Tänzerin, wenn das Kostüm herabgleitet und unförmige Formen enthüllt, wenn das Fleisch zittert und wenn der Schweiß rinnt. All das geht im leidenschaftlichen Eifer unter. Von den Männern verlangt sie Kinder, sie bekommt sie, sie gedeihen prächtig, und dann verliert sie sie auf furchtbare Weise durch einen grausigen Unglücksfall. Sie tanzt im Trocadéro zum Orchestre Colonne oder nach einem Phonographen auf den Plätzen Athens und Moskaus – so wie diese Jokaste gelebt hat, starb sie auch. Opfer des Zusammenwirkens eines Rennwagens und eines roten Schals. Eines Schals, der sie verabscheute, bedrohte, warnte; dem sie Trotz bot und hartnäckig darauf bestand, ihn umzulegen.«

Helene von Nostitz im Berliner Tageblatt (September 1927):

»Ihr Leben war ein fortwährendes Wagnis. Die äußerste, weitausholende Ekstase ihres Tanzes verwirklichte sie täglich in jeder seelischen und körperlichen Bewegung. Denn die Furcht war ihr fremd. Sie kannte keine Gesetze. Es war, als wenn sie am ersten Tag der Schöpfung allein vor der Welt gestanden hätte, ohne Bindung, in dionysischen Freuden weiterschwingend, jeden mitreißend, der ihren Rhythmus verstand. Kühl in ihrer Ausstrahlung, fast abstoßend für viele, von einer Kraft beseelt, die hemmungslos alles vernichtete, was nicht zu ihr gehörte. Der erste Eindruck ihres Tanzes, damals, als nur der Tüllrock und der seidene Strumpf das Ballett beherrschten, war überwältigend. Diese unbedeckten Glieder, die nicht genug ihre losgelöste Freudigkeit ausdrükken konnten und in ihrer Ungebundenheit einem höheren Rhythmus zu gehorchen schienen, waren ergreifend wie eine marmorne Antike. Ihre Schönheit lag nicht in der äußeren Form. Ihre eher reizlose Fülle wurde aber verwandelt durch die intensive Arbeit und die hohe Kunst der ungewöhnlichen Tänzerin, die eine Vorkämpferin, eine Bahnbrecherin wurde...«

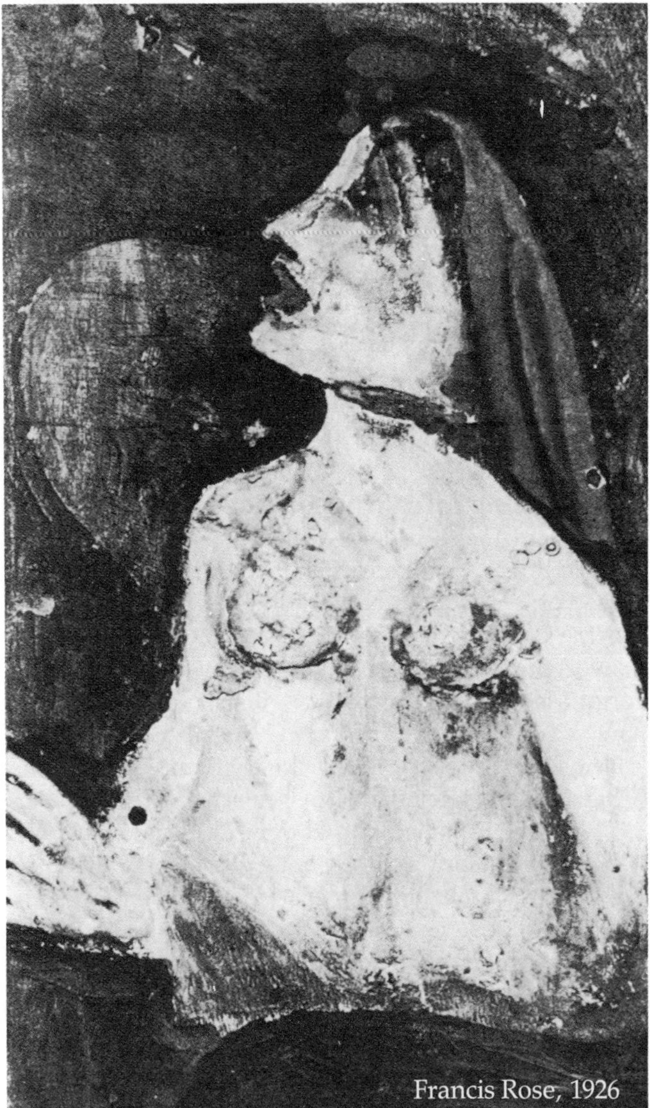
Francis Rose, 1926

Harry Graf Kessler, als er in Paris von ihrem Tod erfährt:

»... Ein tragisch-schicksalhafter Tod: der Shawl, der im Tanz ein so wesentlicher Teil ihrer Kunst war, hat ihr den Tod bereitet. Ihr Requisit und Sklave hat sich an ihr gerächt. Selten ist eine Künstlerin so tragisch umwittert gewesen und so aus ihrem eigensten Lebensschicksal heraus tragisch geendet: ihre beiden kleinen Kinder in einer Autokatastrophe umgekommen, ihr Mann, Essenin, durch Selbstmord geendet, sie selbst jetzt in dieser Weise durch ihr eigenes Requisit, fast wie aus Rache, umgebracht.

...

Arme Isadora, ich habe sie als Tänzerin in ihren Anfängen nicht geschätzt, fand sie linkisch, dilettantisch und bildungsphilisterhaft. Durch Craig wußte sie es. Später lud sie mich einmal nach Neuilly ein, tanzte mir vor, und als ich ihr meine ehrliche Bewunderung aussprach, meinte sie in ihrem amerikanischen Französisch (das eine gewisse Formverwandtschaft mit ihrer kalifornischen Auffassung von griechischer Kunst hatte): ›Oui, quand vous m'avez vue (sprich: vou) avant j'etais vertueuse (sprich: vörtouöse), je ne savais pas danser; mais maintenant...!‹«

Der Russe *Sokoloff,* ein Schüler Stanislawskis und Schauspieler bei Reinhardt am Deutschen Theater in Berlin, im ›Neuen Wiener Journal‹ vom 20. September 1927:

»Solange Isadora lebte, ist unter allen jenen, die ihren Weg flüchtig kreuzten, immer wieder von den ›Exzentritäten‹ die Rede gewesen. Aber die Exzentrizität dieser Frau, des größten Menschen, dem ich auf Erden begegnet bin, war die ungeheure und tragische Einsamkeit, in der sie – immer und überall von einem Schwarm sogenannter Freunde und neugieriger Bewunderer umgeben – vom ersten bis zum letzten Tag ihrer phänomenalen Laufbahn lebte. – Welche Künstler hat Isadora Duncan am stärksten geliebt, leidenschaftlich bewundert und am innigsten verstanden? Jene beiden, die ebenso große, weltumspannende Geister wie tief unglückliche Menschen gewesen sind: Michelangelo und Beethoven. – Ich, der viele unvergeßliche, mein Leben bis zum letzten Atemzug bereichernde Stunden mit dieser Frau verbringen durfte, habe nichts von ›Exzentrizitäten‹ an ihr finden können. Nur ein großes Herz, das für nichts zu leben imstande war als für ihre Kunst und das, im Glück wie im Unglück, immer einsam gewesen ist...

Zwei Dinge habe ich von ihr vor allem gelernt: Sparsamkeit und Harmonie der Gebärde! ›Große Dinge‹, sagte sie mir oft, ›kannst du nicht mit hundert Gesten, sondern nur mit einer einzigen ausdrücken. Denke doch, wie unendlich beredt jene einzige, kleine, knappe Gebärde ist, die aus einem wirklichen, großen Gefühl kommt!... Wie viel liegt doch in der einfachen Geste der gebenden, der nehmenden Hand. Im Schreiten, das ein Küssen der Erde mit dem Fuß ist. Welche Größe in der Aufrichtung eines sitzenden, liegenden, kauernden Körpers! Aber die Schauspieler wissen das nie, und sie verwirren und ermüden uns mit hundert Dingen, wo nur eines nötig wäre: Harmonie des Gefühls.‹«

Von den vielen Stimmen aus ihrer Heimat nur die des Malers und Bühnenbildners *Robert Edmond Jones* und der Choreographin *Agnes de Mille. Jones* schreibt:

»In ihrer Kunst und in ihrem Leben schien Isadora Duncan die Inkarnation aller Naturenergien zu sein. Wenn man sie tanzen sah, offenbarte sich einem Geist und Seele der Kunst. Wenn man sie kannte, sah man ein Leben, das mannigfaltig, reich und lebendig war, weit hinaus über all unsere Vorstellungen vom Leben. Ihr Geist war immer mitten in schöpferischer Leidenschaft, einer Leidenschaft, die sehr vielen anderen zu eigenem Strahlen verhalf.

Jean Cocteau, Zeichnung Nizza 1926

Als Isadora Duncan zum letzten Mal in der Carnegie Hall auftrat, tanzte sie Chopins ›Trauermarsch‹. Sie sah uns an über einen großen purpurnen Schleier hinweg, den sie in ihren ausgestreckten Armen hielt. Nun ist ein anderer Schleier, ein Schleier der Stille und des Schweigens über dies Bild der Bewegung und Musik niedergegangen. Wir wissen, wir werden sie niemals wiedersehen. Wir sind zurückgeblieben mit unseren Erinnerungen.«

Agnes de Mille nach dem Erscheinen von Isadoras Memoiren in ›Dance to the piper‹:

»Louis Horst und ich sprachen über Isadora, weil im Jahr zuvor ihre Autobiographie erschienen war und alle Welt darüber redete. Es ist in vieler Hinsicht ein bedeutendes Buch. Vielleicht – wie man annimmt – die erste Darstellung in unserer Literatur von einer Frau als Künstlerin, aber es stellte sich heraus, daß sie für die Jugend sehr gefährlich war. Einige junge Mädchen aus meinem Bekanntenkreis wichen mit voller Überzeugung vom Weg der Tugend ab, in der Hoffnung, dadurch berühmte Tänzerinnen zu werden.

Die Tanzwelt stritt über ihre Theorien genau so heftig wie 1905, und ich selbst suchte, wie alle Anfänger, nach Ähnlichkeiten. Isadora ging zu völlig Fernstehenden und erklärte, daß sie nicht nur die größte Tänzerin der Welt sei, sondern daß sie die ganze Kunst ändern und auch eine neue Religion begründen wolle. Sie war davon schon mit 22 überzeugt, bevor sie noch öffentlich aufgetreten war. Isadora verschmähte Bühnenausstattungen und Kostüme und benutzte nur die allerbeste Musik. Sie fand einen neuen heroischen Bewegungsstil. Um die überlieferten Moralgesetze kümmerte sie sich nicht und lebte wie eine Bacchantin. Sie behauptete, anders könne man kein Künstler sein. Diese Ideen quälten mich: ich war erzogen, zu glauben, daß man einen nur küßte, wenn man ihn liebte, daß man seine Rechnungen bezahlte, sein Wort hielt, daß man möglichst bescheiden war, daß man gewissenhaft arbeitete. Ist man mit Inspiration begabt, um so besser, aber man darf sich nicht darauf verlassen. Dies war keineswegs bacchantisch, keineswegs Isadora Duncan. Es waren gerade die Dinge, die sie mit eisernem Willen bekämpfte. Ich war sicher, daß ich innerlich an mir so wenig ändern könnte wie an der Form meiner Beine. Von Herzen gern wäre ich heroisch gewesen, aber ich fühlte, daß ich, wenn ich gegen meinen Instinkt handelte, tatsächlich zur Hure würde.«

Isadoras Andenken bleibt aber auch nicht von Geschmacklosigkeiten verschont, wie zwei Zeitungsmeldungen zeigen. Im ›Berliner Tageblatt‹ vom 21. September 1927 war zu lesen: »Nachspiel zur Tragödie. Das Automobil, in dem Isadora Duncan gestorben ist, wurde von einem Sammler tragischer Erinnerungen für 65000 Francs gekauft. Fünfzig andere Interessenten hatten geringere Preise geboten.«

Einige Wochen später, am 29. Oktober, findet sich folgende Zeitungsnotiz: »Eine junge Amerikanerin, Tochter eines reichen amerikanischen Ananas-Pflanzers aus Honolulu, kaufte für 50000 Francs (ungefähr 400 Mark) den Seidenschal, der den Tod von Madame Isadora Duncan, der berühmten Tänzerin, verursachte.«

Mitte der sechziger Jahre läßt sich der 90jährige Gordon Craig allnächtlich mit einem Taxi von seinem Wohnort Vence nach Nizza fahren und sucht auf der Promenade des Anglais den Geist Isadoras, er sucht immer wieder nach jener Stelle, wo vor fast vierzig Jahren seine ›Topsi‹ ums Leben kam.

2. Teil

›Von Gott gesandt‹

22 »Gott hat mir das Geheimnis der Schönheit anvertraut.« Es ist Isadoras feste Überzeugung, daß sie, als das von Gott gesandte Genie, der Menschheit Glück und Schönheit bringen soll. Wenn die Berliner ihr als der ›göttlichen, heiligen Isadora‹ huldigen, so findet sie das angemessen.

Anfangs, in ihren ersten Jahren in Amerika, sah es gar nicht danach aus. »Aber«, so meint Craig, »in ihrem Auge lag Kalifornien, und dieses Auge schaute aus über Europa.« Europa entwickelte die aus dem freiesten und eigenwilligsten Staat Amerikas Stammende in kurzer Zeit zum magnetischen Mittelpunkt.

Sie war keine ausgesprochene Schönheit, hatte weder ein griechisches Profil noch einen lieblichen Engelskopf, ihre Nase war ›turned up‹, eine Himmelfahrtsnase über einem kleinen festen Kinn. Da sie früh ergraut, färbt sie die Haare mit Henna tizianrot. Wie Karl Federn in Berlin, so ist Sewell Stokes, als er sie 1926 in Nizza sieht, entsetzt über die dicke Frau mit wüstem rotem Haar und blassen, schlecht geschminkten Wangen. Da ist nichts mehr von den einstigen Linien der Venus von Milo geblieben. Aber noch leuchten ihre wundervollen sehnsüchtigen Augen, als hätten sie nichts zu tun mit ihrem übrigen Körper, und noch spielt ein süßes Lächeln traurig um ihren Mund, das Übrige vergessen lassend. Der Maler Christian Bérard sah sie 1926 in Paris: »Sie war enorm beleibt, sie war fett, richtig dick, fett, aber niemals in meinem Leben sah ich eine solche Bewegung – eine Verwandlung ging vor sich, wenn sie anfing, sich zu bewegen.«

In ihrer Jugend hat sie nach den Vorstellungen ein Glas Milch getrunken, später geht es nicht ohne Champagner, »die Nahrung der Aphrodite«, wie sie hinzufügt. Singer hat sie mit dem Geschmack für erlesene Weine und mit den Gewächsen der Witwe Pommery vertraut gemacht. Sie hat eine gute Zunge für Lage und Jahrgang – ein irisches Erbteil. Aus Schmuck macht sie sich nichts, sie zieht Kaviar und Poulet Diamanten und Perlen vor. Zusammen mit Raymond ist sie Vegetarierin geworden, aber sie kehrt bald zum Steak zurück. In Nizza zieht sie ins erste Luxushotel der Riviera, ins Negresco. Es muß stets – ob mit oder ohne Geld – das beste Haus sein: Adlon oder Bristol in Berlin, Crillon in Paris, Waldorf-Astoria oder Plaza in New York. Immer findet sich ein Freund, der für sie zahlt oder sie auslöst, wenn sie keinen Pfennig mehr besitzt. Diese Hilfe erscheint ihr selbstverständlich, da sie selbst grenzenlos freigiebig ist.

Ihr immer wacher Verstand – sie bezeichnet sich selbst als ›Cérébrale‹ – und ihre Wißbegier ergreifen in Europa all die künstlerischen Eindrücke, die ihr Amerika nicht geben konnte, die Werte der Antike, der Renaissance, der Kunst ihrer Zeit.

In Paris wird sie für Rodin, Bourdelle, Carrière zur Offenbarung und Anregung für die Werke dieser Meister. Im Wien des Jugendstils, wo 1897 die Sezession mit der Devise ›Leben und leben lassen‹ gegründet worden war, begeistert sie Gustav Klimt, Max Klinger und Josef Hoffmann, den Mitbegründer der Wiener Werkstätten. In München, der Stadt der ›Jugend‹, wird sie von Franz von Stuck und Friedrich August Kaulbach gemalt.

Unzählig sind die Darstellungen von ihr aus der Zeit vor dem Ersten Weltkrieg: Plastiken, Gemälde, Zeichnungen, Photos, zehn Mappen mit Radierungen, Silberstift- und Tuschezeichnungen, Wiedergaben von Craig, Segonzac, Lafitte, Grandjean, Bourdelle, Walkowitz und anderen. Isadora Duncan wurde die meistporträtierte Frau der Welt.

Das Théâtre des Champs-Elysées wird mit Bourdelles Relief ›Isadora und Nijinsky‹ und der Ausmalung Dénis' geschmückt (1913). Im Gegensatz zu Loie Fuller, die zum Modell für unzählige Erzeugnisse der Belle Époque

Abraham
Walkowitz
(1880-1965),
Federzeichnungen.
»Walkowitz,
Du schriebst
meine Biographie
in Linien
ohne Worte.«

wurde, oder zu den Lieblingen der Graphiker, den Barrison Sisters, war Isadora die Muse der großen Künstler, der Maler und Bildhauer. Zu den künstlerischen Einflüssen kommen die literarischen. Bis in ihre letzten Jahre ist Isadora eine fanatische Leserin. Sie kennt die antiken Schriftsteller, Sophokles und Euripides ebenso wie die Klassiker, Shakespeare, Goethe, Byron, Schiller und die Philosophen Kant, Schopenhauer und Nietzsche. Sie lernt deutsch, um den Diskussionen der Künstler, Philosophen und Musiker im Münchener Künstlerhaus folgen zu können. Die mystischen Verse des Dichters und Malers William Blake sind ihr genau so vertraut wie die ihres Lieblingsdichters und Wegweisers Walt Whitman. Sie liest Haeckels biogenetische und monistische Schriften über Weltall und Schöpfung. Sie fühlt sich mit ihrer Kunst den Ideen dieses Naturphilosophen innerlich verwandt. Nietzsches ›Geburt der Tragödie aus dem Geiste der Musik‹ bezeichnet sie als ihre Bibel. Für sie ist Nietzsche der ›tanzende Philosoph‹, neben Beethoven und Wagner einer der drei großen Vorläufer des Tanzes unseres Jahrhunderts. Die Aussprüche über den Tanz in den großen Tanzliedern, in der ›Fröhlichen Wissenschaft‹, im ›Zarathustra‹ und an anderen Stellen kommen ihr in ihrer dichterischen Formulierung entgegen. Daß sie in Nietzsches heraklitisch-heroische Philosophie, die ihren humanitären Ideen entgegengesetzt war, wirklich eingedrungen ist, muß bei ihrer im Grunde oberflächlichen philosophischen Bildung bezweifelt werden.

Gordon Craig macht sie mit den neuen Problemen der Bühne bekannt und führt sie in den Kreis der Berliner Reformatoren des Theaters ein. Fast gleichzeitig mit der Gründung ihrer Grunewaldschule beginnt Max Reinhardts Aufstieg mit der berühmten Inszenierung des ›Sommernachtstraums‹. Isadora nimmt an allem lebhaften Anteil.

Über die Bedeutung der Musik für ihren Tanz hat sich Isadora wiederholt geäußert, aber wie in allen Äußerungen über ihre Kunst ist sie auch hier nicht systematisch. Nach Urteilen einiger Kritiker ist ihre Musikalität keine tiefere, feinnuancierte. Sie würde auch ein stärkeres, präzises rhythmisches Gefühl, wie es bei Maud Allen beobachtet wird, entbehren. Anfangs begnügt sie sich mit leichter Musik wie der ›Washington Post‹, mit kleinen Kompositionen Mendelssohns oder Ethelbert Nevins. Im Zuge der persönlichen und künstlerischen Reife erweitert sie ihre Adaptionsfähigkeit, indem sie nach Kompositionen tanzt, die nicht für den Tanz bestimmt sind. Sie zeigt es an Beethoven, Wagner, Gluck, Chopin und anderen. Sie wählt diese Komponisten, wie sie sagt, nicht weil sie die Schönheit dieser Werke ausdrücken kann, sondern weil sie durch die widerstandslose Hingabe ihres Körpers an deren Rhythmus, den natürlichen Rhythmus menschlicher Bewegungen, der seit Jahrhunderten verlorenging, wiederzufinden hofft. Sie erregt mit dem Tanz zu klassischer Musik öfter den Ärger der Musiker und Musikfreunde, wie 1904 in St. Petersburg oder 1909 in New York, wo der Musikkritiker Carl van Vechten zur Vertanzung von Glucks ›Iphigenie auf Tauris‹ meinte: »Es ist ein Musikstück, das nie für den Tanz bestimmt war, und jedem, der es an seinem eigenen Platz in der Oper gehört hatte, mußte es mehr oder weniger als eine Schändung erscheinen, es zu solch einem Zweck verwendet zu sehen.« Indessen hat van Vechten bei Isadoras Auftreten 1917 in New York von einer inneren Verbundenheit ihres Tanzes mit der Musik der großen Komposition gesprochen.

Scharf war auch der Protest gegen die ›verkehrte Verwendung‹ von Beethovens 7. Symphonie.

Isadora hält an der klassischen Musik fest, moderne Musik lehnt sie für den Tanz ab, ja sie ›haßt‹ sie, obwohl sie ihr sicherlich wenig bekannt war. Sie schreibt 1917 an ihre Schülerinnen in New York: »Laßt euch nicht überreden, nach Debussy zu tanzen. Diese Musik ist nur für die Sinne und wendet sich nicht an den Geist. Und dann ist Debussys Haltung ganz nach innen gerichtet und nicht nach außen und oben. Ich wünsche, daß ihr nach einer Musik tanzt, die von der Seele ausgeht in aufsteigenden Kreisen. Warum studiert ihr nicht die ›Suite in D‹ von Bach? Erinnert ihr euch, wie ich sie getanzt habe?...«

Im gleichen Brief schreibt sie über ihre eigene Verbundenheit mit der Musik: »Taucht eure Seele in göttlicher, unbewußter Hingabe tief hinein, bis sie eurer Seele ihr Geheimnis preisgibt; so habe ich immer versucht, Musik zum Ausdruck zu bringen. Meine Seele wurde eins mit ihr, und der Tanz wurde aus dieser Vereinigung geboren. Musik ist in meinem ganzen Leben die große Inspiration und wird vielleicht eines Tages der Trost für die schrecklichen Jahre sein, die ich durchgemacht habe.«

Den jüngeren Schülerinnen prägte sie ein: »Lauscht auf die Musik; sie weckt die innere Stimme in euch, laßt euch von ihr erregen und zur Bewegung treiben!«

Mit Hermann Bahr führt sie in Wien lange Gespräche über den Zusammenhang von Musik und Tanz, über die Ausdruckskraft des Klanges, seine Hebungen und Senkungen, über die Linien der Musik, über die Melodie, in der der Tänzer aufgehen muß.

Wiederholt betont sie, daß sie nicht zur Musik tanze, sondern daß sie die Schwingungen der Musik in sich hineinströmen lasse zu einer Vision, die sich in der Bewegung befreit. Die Musik des berühmten Damrosch-Orchesters in New York wühlt sie bis in ihre letzten Fasern auf und macht sie zum Zentrum, zum Vermittler des Ausdruckes dieses Orchesters.

Nach ihrer Lehrerin gefragt, antwortet Isadora, daß sie von frühester Kindheit an getanzt habe mit den Wellen des Meeres, mit dem Schütteln der Bäume und dem Wedeln der Palmen im Wind, nach dem Flug der Vögel und den ziehenden Wolken. Indessen wurden diese natürlichen Anregungen durch den Unterricht bei der klassischen Tänzerin Ketti Lenner, einer Solistin am Empire Theatre in London (1897) und späterhin bei Marie Bonfani in New York, der Schülerin Carlo Blasis und früheren Primaballerina an der Mailänder Scala, ergänzt. Wichtiger war ihr Studium der Theorien Delsartes, dessen Ausdruckssystem 1885 posthum veröffentlicht wurde und in Amerika Anhänger findet. Manche seiner unzähligen aufgeführten Bewegungs- und Ausdrucksmöglichkeiten jeden Körperteils kehren bei Isadora wieder.

Maurice Dénis (1870-1943).
Zeichnung in Holzkohle und Kreide für seine Fresken im Théâtre des Champs Elysées, Paris 1911/12

Die von Isadora in den Londoner und Pariser Museen bewunderten griechischen Vasenbilder und Reliefs, die Plastiken von Rude am Arc de Triomphe, Carpeaux' ›Tanz‹ vor der Pariser Oper ebenso wie Botticellis ›Primavera‹ bieten ihr, wie die Werke Rodins, Bourdelles und Barnards, Formelemente, die übernommen und eingefügt werden. Ihr vielseitiges Bewegungsmaterial ist sehr natürlich: kleine und größere, langsame und schnellere Schritte und Sprünge, oft auf halber Spitze schwebend, Wenden und Beugen des Oberkörpers, Neigen und Zurückwerfen des Kopfes, des Halses und Nackens, Heben und Senken der Schultern, dann Knien und Liegen, sich in langsamen Phasen Erheben. Einen starken Eindruck hinterlassen ihre schönen Arme, die sie verschieden hoch erhebt, und das Modulieren der Hände und Finger. Der Gesichtsausdruck, die leuchtenden Augen dienen einer lebhaften Pantomime. Alle Bewegungen werden spontan mit völliger Hingabe ausgeführt und zu einem lyrischen Gesamtbild vereinigt.

Nach dem Tod der Kinder und in den darauffolgenden Jahren tritt ein Wandel der Mittel ein. Isadora zeigt etwas Mütterliches und zugleich Heroisches. Mit zunehmender Korpulenz geht ihre plastische Form verloren. Es gibt keine Sprünge, kein hastiges Rennen mehr. Ihr Gang ist ruhig, »majestätisch dahinwandelnde Kraft der Siegesgöttin von Samothrake. Sie ist nun der Parthenon selbst, nachdem sie zuvor eine Nymphe im Tempel gewesen« (van Vechten). »Selbst wenn sie stillstand, strahlte sie noch immer Größe aus« (Shawn). Ihre Tänze erhalten ernste Themen: Vergänglichkeit, Schuld, Erlösung. Die Posen nach griechischen Vasen nehmen zu, die Pantomime wird verstärkt. Der Glanz der Augen und die schönen Armbewegungen aber sind geblieben.

Irma Duncan schreibt ein Buch ›The Technique of Isadora Duncan‹. Es ist für Kinder und Anfänger bestimmt, zeigt einfache Bewegungen und kann nicht als Einführung für eine tänzerische Berufslaufbahn gewertet werden. Isadora will keine Unterweisung für das Theater, sondern für eine ausdrucksvolle Lebensform. Sie will auch nicht nachgeahmt werden, noch wünscht sie eine Kodifizierung oder Verfilmung ihrer Bewegungen und Tänze. Sie strebt nach einem geistigen Einfluß.

Ihre Kühnheit ermutigt die folgenden Generationen zu neuem Ausdruck. Diese sind kraftvoller, härter, eckiger gegenüber den weichen gerundeten Formen und Linien Isadoras. So wie der Jugendstil, dessen Repräsentantin sie ist, besonders in der Malerei einen Übergang zu den stärkeren Formen und kräftigeren Farben des Expressionismus bildet.

Die heutigen modernen Tanzgruppen der Martha Graham, Charles Weidmans, José Limóns oder von Hanya Holm, die jüngeren von Paul Taylor, Merce Cunningham oder die Ballette Hans van Manens und Glen Tetleys sind durch den Reichtum choreographischer Konzeption und psychologischer Vertiefung über Isadora hinausgewachsen. Aber sie hat die Basis für all jene geliefert, und ihre Wirkung ist selbst in den klassischen Choreographien Balanchines oder Crankos bisweilen spürbar, wenn einfache, emotionelle Körperbewegungen an die Stelle der Kunstformen des klassischen Balletts treten. »Isadoras prophetische Vision und aufrührerischer Glaube«, so meint Hanya Holm, »schleuderte den ersten Stein, der die Lawine einer neuen Richtung in Gang setzte.«

Blieb Isadoras Einfluß auf das klassische Ballett auch gering, so erschüttert sie doch den Formalismus und die Schablonenhaftigkeit, in die es geraten war, durch ihren immer wiederholten lautstarken Hinweis auf die ursprüngliche Natur des Tanzes und den Wert innerer Impulse. Inwieweit der damals bedeutendste Choreograph Michail Fokin von Isadora beeinflußt wurde, ist diskutiert worden. Dabei wird jener Brief Diaghilews aus dem Jahre 1926 angeführt, in dem er meint, der Einfluß der Duncan auf Fokin sei die ›base initiale‹ seiner ganzen Schöpfung gewesen. Diese Äußerung Diaghilews über seinen früheren Ballettmeister trifft nur für die ersten experimentellen Ballette des jungen Fokin wie ›Eunice‹ und die ›Nuits d'Égypte‹ zu, die mit seinem eigentlichen späteren Werk so gut wie nichts zu tun haben. Fokin, der diese Zeit selbst als die seiner Geburt bezeichnet, studiert mit Eifer griechische und römische Kunst und gibt in ›Eunice‹ ein Bild der antiken römischen Welt in freien, der Duncan ähnlichen Bewegungen wieder. In den bald folgenden ›Ägyptischen Nächten‹ versucht er sich in ägyptischem Stil durch Profilstellung zum Zuschauer mit eckigen Linien und flach ausgestreckten Handflächen. Der bekannte russische Kritiker Svetlov sieht in diesen Balletten die ›Unerfahrenheit des Anfängers‹.

Einen indirekten Einfluß hat Isadora auf die Choreographien Nijinskys: ›Der Nachmittag eines Fauns‹, ›Sacre du printemps‹ und ›Jeux‹. Nijinsky gewinnt Marie Rambert von der Dalcroze-Schule in Hellerau zur Mitarbeit. Diese ist, wie sie sagt, von Isadoras Arbeit stark beeindruckt und stehe ihr nahe.

Die göttliche Botin erfüllt ihre Sendung, indem sie – in einer Zeit tänzerischen Niedergangs in vielen Ländern – der Kunst des Tanzes ein breites Publikum und das Interesse der Künstler gewinnt. Aber diese Erfüllung allein genügt ihr nicht.

Aus dem Gefühl der Gleichberechtigung der Geschlechter heraus ist Isadora eine überzeugte Frauenrechtlerin und sympathisiert mit der englischen Frauenemanzipation der Pankhurst. Sie propagiert eine Reform der Kleidung für die Frau – nicht nur im Tanzkostüm. Alles Verhüllende und Beengende: Korsett, Leibchen, Tournure soll einfacher, luftiger Kleidung weichen, die ruhig Teile des Körpers dem Licht und der Sonne freigeben kann. Sie macht sich zur ›Körperrechtlerin‹ und predigt den Segen der Nacktheit. »Nacktheit ist Wahrheit, Schönheit, ist Kunst. Deshalb kann sie niemals gemein sein, niemals unmoralisch. Ich würde keine Kleider tragen, wenn sie nicht zur Erwärmung nötig wären, mein Körper ist der Tempel meiner Kunst.« Brigitte Bardot

Beide Abbildungen: Repräsentantin des Jugendstils

drückt es in einem Interview (1966) ganz ähnlich aus: »Für mich ist Ausziehen etwas Natürliches. Ich tue es nicht hinter transparenten Schleiern. Ich glaube, das wäre scheinheilig. Denn Nacktheit an sich ist etwas Schönes – wenn man gut gewachsen ist.«

Isadora kämpft nicht nur für die Freiheit des Körpers, sie kämpft auch für die Befreiung des Menschen von veralteter Konvention, von unnatürlichen Moralgesetzen, für die Freiheit der Instinkte. Ihr Leitsatz »der höchste Geist im freiesten Körper« kehrt immer wieder. Ihre Forderungen gleichen bis in die Formulierung hinein den Manifesten der deutschen Jugendbewegung und den Kampfschriften Wynekens und Blühers. Wie die Jugend zur ›Klampfe‹ greift, mit Lied und Volkstanz das Leben verschönt, so sind auch für Isadora Musik und Tanz Elemente menschlicher Regeneration.

In ihrer 1903 erschienenen Vorlesung ›Der Tanz der Zukunft‹ verlangt Isadora, daß Körper und Seele der Tänzerin harmonisch entwickelt werden und daß die Bewegung die natürliche Sprache der Seele sein soll. Eine Rückkehr zu den Tänzen der Griechen hält sie nicht für möglich, weil diese aus einer anderen Zeit und Region stammen. Der heutige Tanz komme aus uns selbst, aus unseren vom Geist unserer Zeit getriebenen Emotionen. Immer wieder verkündet sie an der Rampe:

»Es handelt sich um die Entwicklung des weiblichen Geschlechts zu Schönheit und Gesundheit, um die Rückkehr zur ursprünglichen Kraft und zu den Bewegungen des weiblichen Körpers. Es handelt sich um die Entwicklung vollkommener Mütter und die Geburt schöner, gesunder Kinder. Die Tänzerin der Zukunft wird die Freiheit des Weibes in ihrem Tanz ausdrücken. Sie wird den Tanz des Leibes tanzen, der aus Jahrhunderten zivilisierter Vergessenheit emportaucht, nicht in der Blöße des Urmenschen, sondern in einer neuen Nacktheit, die mit seiner Geistigkeit nicht länger im Widerspruch stehen wird, sondern sich mit ihr zu einer glorreichen Harmonie verbindet. Das ist die Mission der Tänzerin der Zukunft. Sie wird als der freie Geist kommen, der in dem Leibe des freien Weibes der Zukunft wohnen wird. Ihr Kennzeichen wird sein: Der höchste Geist in einem freien Körper.«

23 Ihre hohen eugenetischen Ziele will sie mit Hilfe der Tanzschule erreichen, einer Schulung, die in frühester Jugend beginnen soll.

»Was mich am meisten in der Welt interessiert, ist die Erziehung der Kinder. Alle Probleme kann man lösen, wenn man beim Kind anfängt.« So wird die Schule zum Angelpunkt, zur immer wiederholten Idee.

Deshalb tönt es von der Bühne: »Gebt mir eine Schule, eine Schule des Lebens, gebt mir hundert Waisen, und ich werde sie zu Abbildern unvorstellbarer Schönheit machen.«

Die Schülerinnen sollen nicht Isadoras Bewegungen nachahmen. Die Natur mit ihren ewigen Wellenbewegungen soll ihre Lehrmeisterin sein, und sie sollen auf die innere Stimme lauschen, die die Musik in ihnen weckt. Sie wird ihnen das Geheimnis der Seele offenbaren und die Inspiration zum Tanz geben.

Trotz unermüdlicher, oft stürmischer Propagandareden und ständiger Geldzuschüsse gewinnt die Schulidee keine Breitenwirkung und findet insbesondere nicht die auf die Dauer unentbehrliche Unterstützung und Finanzierung durch die Behörden.

Für die Grunewaldschule beginnen Schwierigkeiten, als moralische Bedenken laut werden. In einem Vortrag in der Berliner Philharmonie hat Isadora ihre freiheitlichen Anschauungen über Ehe und freie Liebe verkündet. Dabei hatten sich stürmische Proteste erhoben. Auch aus ihrem Privatleben hat sie kein Hehl gemacht, da ihr jede Scheinheiligkeit fremd ist. So kommt es bei den damaligen konventionellen Anschauungen dahin, daß ängstliche, sittenstrenge Eltern und bürokratische Beamte ihr die Erziehung kleiner Mädchen nicht anvertrauen wollen. Isadora löst die Schule auf und versucht eine Neugründung im zaristischen Rußland, bei ihrem Freund Stanislawski, dann in England und Griechenland. Die Bemühungen scheitern. Mit Hilfe von Paris Singer kommen zwar in Paris und in New York Schulen zustande, aber Krieg und Geldnot zerstören die hoffnungsvollen Anfänge. Endlich erfüllt sich ihr Traum in Sowjetrußland. Sie kann eine Schule in Moskau einrichten. Die kleinen Mädchen strömen herbei. Aber bei der komplizierten Finanz- und Ernährungslage während des wirtschaftlichen Umbruchs des jungen sowjetischen Staates können die Behörden Isadora auf die Dauer keine umfangreiche Unterstützung gewähren. Immerhin entwickeln sich die Moskauer Schülerinnen aus scheuen blassen Großstadtkindern zu gesunden, lebensfrohen Wesen, die bald eine große Anzahl Kinder in den Ferienlagern unterrichten können. So wächst die Zahl der tanzenden Kinder Isadoras Traumvorstellungen entgegen, und sie kann nach einer Aufführung mit den Kindern dem Publikum erklären:

»Diese Kinder hier, die ihr eben bewundert habt, sind fast alle Kinder von Arbeitern und Bauern. Sind sie nicht wundervoll? Und beweisen sie nicht, daß man ihre Intelligenz wecken und sie zu kultivierten Wesen machen kann?... Ich möchte, daß alle Kinder in Rußland so werden! Nach Unterricht und Arbeit möchte ich zu ihnen sagen: ›Kinder, kommt nun, laßt uns tanzen!‹ Ich möchte, daß jedes Kind in Rußland seine Natürlichkeit, Lebensfreude und Schönheit entwickelt!« Zugleich aber muß sie bedauern: »Es tut mir leid, daß ich meine Kunst und mein Lebenswerk nur einer kleinen Gruppe von Kindern geben kann ... Ich kam nach Rußland in der Hoffnung, etwas Großes, etwas Gewaltiges zu schaffen ... Ich dachte hier an eine Schule von tausend Kindern. Alles, was ich brauchte, war ein großer Arbeitsplatz, aber noch heute, nach drei Jahren, warte ich vergebens.«

Nach Isadoras Abreise aus Rußland wird die Schule unter Irmas Leitung weitergeführt. Aber trotz der Tourneen durch Rußland, China und schließlich nach Amerika wächst sie nicht über den anfänglichen Rahmen hinaus. Zu der erstrebten Breitenwirkung einer volksweiten Harmonisierung und Verschönerung des Lebens durch den Tanz kommt es auch in Rußland nicht. Isadoras Idee liegt jenseits der Realität. Bisweilen zweifelt auch sie. Als sie im Negresco einen Blick in den Ballsaal wirft, meint sie in tiefer Niedergeschlagenheit: »Das zeigt mir, was für ein Narr ich war, immer zu versuchen, der Welt Schönheit zu bringen.«

Nur in ihren Träumen sieht sie sich immer wieder umgeben von einer jubelnden Schar von tausenden tanzenden Kindern.

Isadoras Schwester Elizabeth – ein pädagogisches Talent – hat die Grunewaldschule mit Umsicht geleitet. Nach ihrer Schließung 1909 gründet sie mit ihren Schülerinnen und dem Musikpädagogen Merz eine neue Schule. Nach kurzer Tätigkeit in Frankfurt a. M. wird sie von dem Großherzog von Hessen nach Darmstadt eingeladen. Bei der Eröffnung rühmt Henry Thode, der angebetete Freund Isadoras: »Wir dürfen Isadora Duncan das Verdienst zuerkennen, daß sie in höherem Maße als irgendein anderer ihrer Kunst ideale Aufgaben zuwies, daß sie über den engeren Begriff künstlerischer Schauleistungen hinaus dem leiblichen Rhythmus eine tiefgreifende Bedeutung für die allgemeine Lebensgestaltung

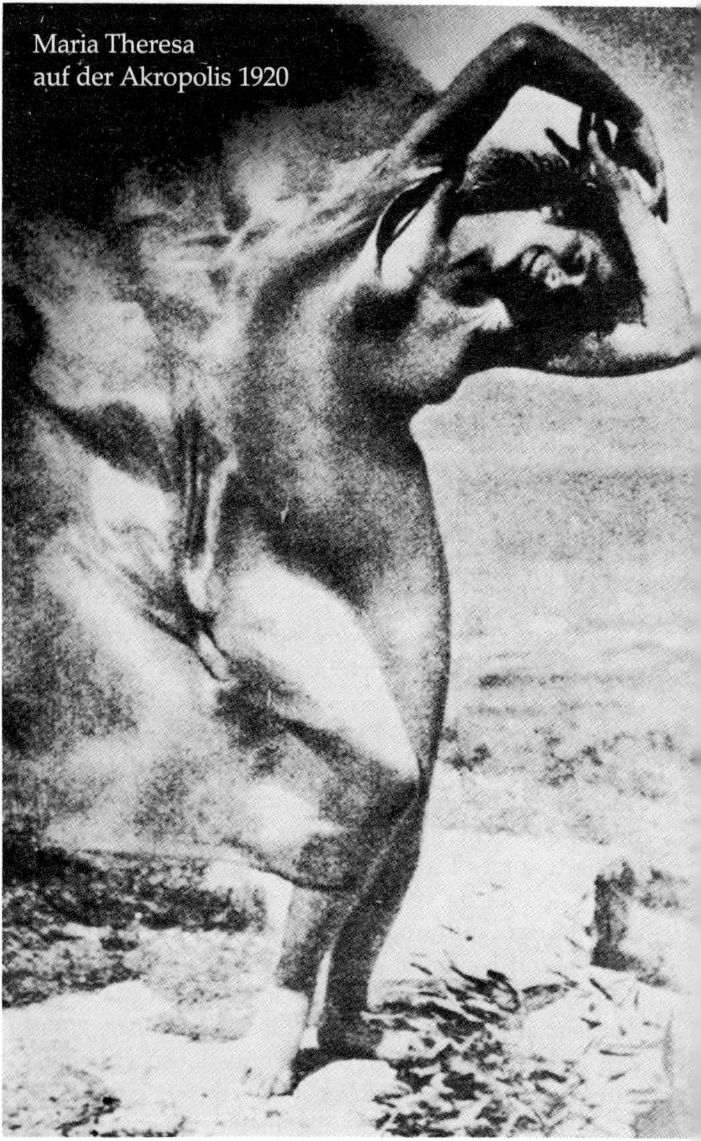
Maria Theresa
auf der Akropolis 1920

zuwies, die künstlerische Erscheinungen zu Lebenserscheinungen zu machen trachtet.« – Der Ausbruch des Ersten Weltkriegs verschlägt die Schule nach England und Amerika. 1920 nach Europa zurückgekehrt, findet Elizabeth Unterkunft bei Karl Ernst Osthaus in Hagen, dann in einem Kavaliersbau des Neuen Palais in Potsdam, wo die Ausbildungsstätte großen Aufschwung erlebt. Nach vier Jahren siedelt sie 1925 nach Schloß Klessheim bei Salzburg über. Eine rege künstlerische Tätigkeit entwickelt sich. Verbindung mit Prag wird gepflegt, wo eine Elizabeth-Duncan-Schule gegründet wird. 1935 zieht die Schule nach München um. Mit dem Zweiten Weltkrieg beginnt eine Odyssee: von Niederösterreich geht es nach Wien, nach Engelberg in Württemberg, nach Eßlingen und nach verschiedenen kurzen Zwischenstationen nach Schloß Mörlbach bei Icking in Bayern. Nach dem Tode Elizabeths 1948 übernimmt ihre Schülerin Gertrud Drück zusammen mit Merz die Leitung. Nach Merz' Tod 1964 besteht die Schule unter Gertrud Drück noch ein Jahr.

Rudolf von Laban war des Lobes voll über diese Stätte: »Im Hinblick auf die körperliche Durchbildung empfinde ich die Duncan-Schule als an erster Stelle stehend.«

24 Die ›Isadorables‹ Lisa, Margot, Theresa, Anna, Irma und Erika, ihre ersten Schülerinnen in der Grunewaldschule, treten 1909 mit Isadora in Paris im Théâtre Gaîté Lyrique auf. Der Erste Weltkrieg treibt sie nach Amerika, dann zurück in die Schweiz und wieder nach drüben, von wo sie nach einer langen Amerikatournee 1920 zu Isadora zurückkehren, um die unglückliche Griechenlandreise mitzumachen. Den ehemaligen Zöglingen muß Isadora schablonenhafte Manieriertheit und gezierte Bühnenbewegungen abgewöhnen. Irma, die anhänglichste, begleitet Isadora nach Rußland. Theresa heiratet,

Lisa stürzt sich ins Varietégeschäft in Paris: für Isadora eine herbe Enttäuschung. Sie erlebt, daß Anna, Lisa und Margot im Mai 1923 im New Yorker ›Telegraph‹ erklären, daß sie nichts mehr mit Isadora Duncan zu tun haben wollen. Sie fürchten Nachteile durch Isadoras letzte ›rote‹ Amerikatournee. Besonders Lisa erregt Isadoras Unwillen in Berlin, in Paris und in Nizza: »Sie tanzt in drittklassigen Music Halls mit meinem Namen und veröffentlicht im Radio, daß sie eine Schülerin von Isadora Duncan ist. Wenn sie in solch einer Drecksbude auftreten will, soll sie es unter ihrem eigenen Namen tun. Wenn sie wüßte, was ich gelitten und getan habe, um meinen Namen von der Music Hall fernzuhalten.« Lisa gibt nach Isadoras System Tanz- und Choreographieunterricht und tritt Anfang der dreißiger Jahre mit dem französischen Cabarettänzer Georges Pomiès auf. Irma tanzt 1929, nach achtjährigem Aufenthalt in Rußland, von Hurok gemanagt mit den ›Isadora Duncan Dancers‹ in 55 amerikanischen Städten. Später leitet sie in New York eine Tanzschule. Maria Theresa, von der Isadora meint, Dionysos habe ihr einen Kuß auf die Stirne gedrückt, gibt lange Jahre hindurch in Amerika ihre Zyklen klassischer Tanzkonzerte. John Martin, der Kritiker der ›New York Times‹, schreibt: »Hier ungefähr ist der lebendige Funke, mit dem Isadora die Tanzkunst entflammte. Maria Theresa überbrückt mit Erfolg die Grenzen ihrer äußeren Mittel durch die tiefe Kenntnis des Gefühlslebens und ihre außergewöhnlich feine Musikalität.« Auch Anna tritt in Amerika auf und trägt dabei, wie die Zeitungen vermerken, den Purpurmantel Isadoras.

Schon zu Lebzeiten fehlt es Isadora nicht an Nachahmerinnen, die mit ihr nur das Signum der nackten Füße gemeinsam haben. »Ich bin nachgeahmt worden von solchen, die nicht verstanden, daß es notwendig ist, an den Anfang zurückzugehen und zunächst etwas in sich selbst

Lisa im Pariser Varieté-Geschäft, 1925

zu finden. In vielen Theatern und Schulen habe ich diese Tänzer gesehen, die nur mit dem Verstand arbeiteten, die ihre Tänze mit Gesten überladen hatten, ihre Bewegungen schienen leer, dumm und ohne Sinn. Was sie mit dem Verstand wiedergaben, entbehrte jeder Inspiration, jeden Lebens.«

Der russische Kritiker Svetlov hielt Stefanie Dombrovska für die bedeutendste Nachfolgerin Isadoras. Er rühmt die poetische Vertiefung an dieser Tänzerin, die ihre Kunst der Duncan verdanke. In Deutschland und Österreich wurde die Wienerin Grete Wiesenthal oft als Erbin Isadoras bezeichnet. Sie hatte zehn Jahre an der Wiener Staatsoper Ballett getanzt, als sie zum modernen Tanz überging. Während ihre Interpretationen ernster Musik weniger glücklich waren, triumphierte sie mit den Walzern von Chopin, Schubert, Strauß und Lanner. Hier kam ihr wienerisches Temperament – gelöst vom Spitzentanz – in dionysischem Rausch zur Geltung.

25 Isadora erregt nur allzu oft Wirbel in der Presse. Es heißt, sie sei Atheistin, sei rot, Kommunistin, sei eine Bolschewikin, sei mannstoll, hinter allen Männern her und führe ein ausschweifendes Leben mit reichlichem Alkoholgenuß – meist auf Kosten anderer.

Die ›von Gott Gesandte‹ – sie betont es häufig – hat indessen von Gott nur eine vage Vorstellung. Sie glaubt an Schicksal, Wahrsagerei und Tischrücken, bezeichnet sich als Monistin, dann wieder als Realistin. Trotzdem erklärt sie, daß die menschliche Seele und die Kunst nicht ohne Religion existieren können. Widersprüche und Diskussionen über religiöse Probleme beendet sie mit der Wendung: »Meine Religion ist der Tanz.« Wie alle kirchlichen Riten und Institutionen, so ist ihr auch die Ehe verhaßt und bedeutet für sie eine Fessel. Sie schlägt die günstigsten Heiratsanträge aus. Vor allem die Ehe zwischen

Künstlern erscheint ihr als Hemmnis künstlerischer Entwicklung und Knebelung der Individualität. Deshalb will sie nicht ihr Leben lang Romeo die Rollen abhören, Craig die Bleistifte anspitzen oder Schloßherrin auf Singers Paigton werden. »Ich bin Heidin, jawohl, Heidin.«

Die Abschaffung der kirchlichen Ehe in Sowjetrußland begrüßt sie als große Errungenschaft. Ihre eigene Ehe mit Essenin ist für sie nur ein Kontrakt, den sie jederzeit lösen kann, geschlossen, um ihn in den Westen und nach Amerika mitnehmen zu können.

Von dem großen gesellschaftlichen Umbruch ihrer Zeit, insbesondere von der russischen Revolution, ist Isadora stark beeindruckt. Sie spricht in ihren späteren Jahren häufig von Kommunismus und verhandelt bis zuletzt mit kommunistischen Funktionären in Paris über die Errichtung von Tanzschulen. Aber sie hat vom Kommunismus allein die naive Vorstellung einer brüderlichen Liebe aller Menschen. Der von ihr verherrlichte Lenin – sie hat ihn nie zu Gesicht bekommen – ist für sie ein Gott wie Christus und, da Gott Liebe ist, so ist auch er der Repräsentant der Liebe. Als sie im Pariser Trocadéro an der Rampe propagandistisch auftritt, meint der Kommunist Rappaport, wenn sie weiter über Kommunismus rede, wolle er lieber auf die Bühne gehen und tanzen. Schnell begeistert und oberflächlich informiert, schließt sie sich jeder Demonstration an, in die sie hineingerät, ob es sich um Venizelos, um Sacco – Vanzetti oder Ida Sniffen handelt. Jede Meuterei ist für sie eine Revolution. Nach ihren Reden, Motiven und Handlungen befragt, erklärt sie allerdings stets, sie sei Künstlerin und verstehe nichts von Politik.

Sie ist keine bewußte politische Revolutionärin, redet zuweilen aus Ressentiment oder um Spießbürger zu ärgern. Sie greift die lethargischen Behörden an und die amerikanischen Millionäre, die ihre Geldbeutel verschlossen halten und sich für die Verwirklichung ihres Lebensideales, die Tanzschule für kleine Mädchen, nicht interessieren. So versäumt sie keine Gelegenheit, sich verdächtig zu machen.

Die trotz aller persönlicher und wirtschaftlicher Schwierigkeiten glänzende Laufbahn verrät Isadoras Intelligenz, Energie und Zielstrebigkeit, die Merkmale der ›Cerebralen‹. Aber trotzdem sind Gefühl und Triebhaftigkeit der eigentliche Motor ihres Handelns, und da ihr niemals Disziplin und Selbstbeherrschung beigebracht wurden, läßt sie ihren Instinkten freien Lauf. Nach Nietzsches »Werde, was du bist« tanzt sie ihr Leben und ihre Liebe, beides identisch und immer gegenwärtig. Sie ist in ständiger Liebesbereitschaft und sofort entzündet, wenn der Zufall ihr ein ideal erscheinendes Objekt zuführt. Sie spricht von drei großen Lieben ihres Lebens und daneben von ›little adventures‹, sexuellen Aktivitäten, die mit wirklicher Liebe nichts zu tun haben. Dennoch glaubt sie jedesmal, es sei nun die wahre Liebe, die endliche Erfüllung, auf die sie so lange gewartet hat. Und jedesmal wird sie wieder enttäuscht und verlassen. All ihre Liebesaffären sind Romane, die schlecht ausgehen, Filme ohne Happy-End mit der Reaktion wilder Eifersucht, verzehrender Sehnsucht oder humorvollen Verzichts. Sie ist optimistisch und weiß, daß sich die meisten Dinge durch die Zeit von selber ordnen.

Isadora ist um ihren Ruf nicht besorgt, sie redet immerfort über ihr Leben, über ihre Ideen und Anschauungen mit offenherziger Naivität, oft grob und verletzend, niemals eine ungünstige Wirkung bei den Zuhörern erwägend. Sie verspürt ein hemmungsloses Redebedürfnis, das Freunde und Manager oft zur Verzweiflung bringt und ihr selbst meist schadet. Aber ihre Wahrheitsliebe treibt sie zur Offenherzigkeit. »Man erwartet von mir Außergewöhnliches, niemals etwas Langweiliges oder

Alltägliches.« Peinliche Situationen weiß sie zu nutzen: die schon sichtbar Schwangere zeigt den Tanz der Fruchtbarkeit, der Wiedergeburt; wenn das Gewand beim Tanz sich löst und die Brust freigibt, gerät sie in dionysischen Taumel. Daß sie in den letzten Jahren in Nizza, gestrandet in Liebesabenteuern, ihre hoffnungslose Lage zu vergessen sucht, ist verständlich. Ihr Leben, das damals vielen außergewöhnlich erschien, unterscheidet sich kaum von dem heutigen Leben mancher Filmdiven, an das wir uns gewöhnt haben. Selbst der fachkundige Kritiker Ted Shawn muß zugestehen: »Sie übte einen riesigen Einfluß aus auf alle, die empfänglich waren für ihren Genius und ihre Ideale, Ideale, welche sie selbst nicht immer verwirklichen konnte.« Trotz ihrer Schwächen bleiben Größe und Universalität der bedeutendsten Tänzerin Amerikas bestehen.

Zeittafel

1871 Schwester Mary Elizabeth geboren.
1873 Bruder Augustin geboren.
1874 Bruder Raymond geboren.
1878 27. Mai: Isadora (Dora Angela) Duncan in San Francisco, Kalifornien, geboren als viertes Kind von John Charles Duncan und Mary Dora Gray Duncan.
1890 Isadora wirkt in Augustins San Francisco Barn Theatre mit und wird im Adreßbuch von San Francisco als ›teacher of dancing‹ geführt.
1896 Juni: Isadora geht mit ihrer Mutter nach Chicago und wird nach New York engagiert.
1. Oktober: In New York in Arnold Dalys ›Sommernachtstraum‹.
1897 Tourneen mit der Daly-Truppe in Amerika und England. London: Unterricht bei Ketti Lanner vom Empire Theatre.
1898 24. März: Erstes Auftreten im Studiotheater der Carnegie Hall mit drei Tänzen Ethelbert Nevins. Elizabeth eröffnet Tanzschule. Im Sommer Auftreten auf Gesellschaften außerhalb von New York (Lenox, Newport).
1899 14. März: Auftreten zusammen mit dem Dichter Justin Huntley McCarthy.
17. März: Hotel Windsor brennt ab.
18. April: Veranstaltung für die Brandgeschädigten.
Mai: Fahrt der Familie nach London.

Herbst und Winter: Tanz in den Studios englischer Maler und auf privaten Gesellschaften.
September: Elizabeth geht nach New York zurück. Raymond siedelt nach Paris über. Bekanntschaft mit dem Galerieleiter Charles Hallé.

1900 Februar: Auftreten mit der Benson Company im Lyceum Theatre (›Sommernachtstraum‹).
16. März, 4. und 6. Juli: Tanzabende in Hallé's New Gallery.
Juli: Isadora geht mit der Mutter nach Paris. Studien im Louvre. Mounet-Sully. Rodin. Carrière.

1901 Tanz im Salon des Bildhauers Saint-Marceau, anderer Mitglieder der Pariser Gesellschaft und vor Präsident Loubet im Elysée Palast. Unterrichtet. Loie Fuller.

1902 Februar: Mit Loie Fuller in Berlin. Wien. Auftreten im Wiener Künstlerhaus und im Karltheater. Verbindung mit dem Impresario Alexander Groß.
April: Dreißig Abende in der Urania in Budapest. Schauspieler Ószcár Beregi (›Romeo‹). Tournee in Ungarn und durch die böhmischen Bäder. Erholung in Abbazia.
Sommer: München. Künstlerhaus. Florenz: Botticellis Primavera. Tanz in der Berliner Kroll-Oper.

1903 30. Mai: Gastspiel im Théâtre Sarah Bernhardt in Paris. Zehn Vorstellungen.
30. Juni: Tanz vor Rodin. Kathleen Bruce.
3. August: Einladung durch Cosima Wagner nach Bayreuth.
Herbst: Tournee durch Deutschland. Karl Federn in Berlin. ›Der Tanz der Zukunft‹ erscheint im Eugen Diederichs Verlag.
Winter: Griechenland mit Familie. Athen: Ankauf des Kopanoshügels. Sängerknaben für die Äschylos-Chöre.

1904 Zwei Vorstellungen in Athen. Europatournee mit dem Knabenchor: Wien (Hermann Bahr), München (Wilhelm Furtwängler), Berlin (Karl Federn).
16. Februar: Isadora gratuliert Ernst Haeckel zum 70. Geburtstag.
Mai: Drei Vorstellungen im Trocadéro in Paris mit dem Beethoven-Programm.
15. Mai: Nach Bayreuth. Choreographiert das Bacchanale im Tannhäuser. Henry Thode, Ernst Haeckel und Romeo. Reise über Berlin nach Helgoland, Venedig.
Dezember: Berlin. Kauf des Grundstückes in der Trabener Str. 16, Berlin-Grunewald, und Eröffnung der ersten Schule. Edward Gordon Craig.
23.–30. Dezember: Gastspiel in St. Petersburg.

1905 Deutschlandtournee in Begleitung von Craig.
3.–16. Februar: Zweites Gastspiel in Rußland (Sankt Petersburg und Moskau).
29. Juli: Erstes Auftreten der Schülerinnen der Grunewaldschule mit Isadora in der Kroll-Oper. Tournee durch Deutschland, Holland, Belgien, Dänemark, Schweden.
Oktober: Zwei Matineen der Schülerinnen im Berliner Theater des Westens.

1906 Gastspiele in Deutschland, Kopenhagen, Amsterdam.
Juni: Übersiedlung nach Noordwijk in Holland ›Villa Maria‹.
24. September: Tochter Deirdre geboren. Berlin: Eleonore Duse.
August: Craigs Mappe mit sechs Bewegungszeichnungen von Isadora.
November: Craig, Isadora mit Baby und Nurse nach Florenz. Craig inszeniert Ibsens ›Rosmersholm‹ für die Duse.

5. Dezember: Premiere ›Rosmersholm‹ in Florenz.
17. Dezember: Gastspiel in Warschau.

1907 10. Januar: Hollandtournee. Erkrankung.
10. Februar: Craig in Nizza zur ›Rosmersholm‹-Vorstellung. Isadora kommt nach Nizza. Craig siedelt nach Florenz über.
30. März: Isadora von Nizza nach Holland.
Mai: Gastspiel in Stockholm. Letztes längeres Zusammensein mit Craig.
Sommer: Mehrere Tanzabende in Deutschland und in der Schweiz.
September: Isadora erholt sich in Venedig.
Oktober: Besuch bei Craig in Florenz. Tournee durch mehrere holländische Städte, anschließend in München.
November: Drei Abende in Warschau, Ende des Monats in Stuttgart.
Dezember: St. Petersburg.

1908 Januar: St. Petersburg, Moskau.
Frühjahr: Rußlandtournee mit ihren Schülerinnen.
Juli: Gastspiel mit den Schülerinnen in London. Maud Allan.
August: Erste Amerikatournee. Vorstellungen in der Metropolitan Opera und in der Carnegie Hall mit dem Symphonie-Orchester Walter Damrosch. Bildhauer George Gray Barnard. Washington (Präsident Theodore Roosevelt).
31. Dezember: Rückfahrt nach Paris.

1909 März: Vorstellungen im Théâtre Lyrique Musical de la Gaîté. Direktor Lugné-Pöe. Singer (›Lohengrin‹). Beaulieu. Mittelmeerreise auf Singers Yacht Isis.
Juni: Auftreten mit den Schülerinnen in der Gaîté Lyrique. Rußlandtournee. Zieht in Singers Wohnung an der Place des Vosges. Ankauf des Hauses Henri Gervex' in Neuilly, Rue de Chauveau 68.

Oktober: Zweite Amerikatournee (mit Singer). Kritiker Carl van Vechten.

1910 Ende Januar: Rückkehr nach Europa. Ägyptenreise mit Singer und Deirdre.

4. Mai: Sohn Patrick Augustus in Beaulieu geboren.

Sommer: Auf Singers Schloß Paignton in Devonshire. Musiker André Cappelet. Wagner- und Gluckabend im Théâtre Châtelet.

1911 Dritte Amerikatournee (Orchester Walter Damrosch).

15. Februar: Erstes Konzert in der Carnegie Hall. Nach Rückkehr Einrichtung des Studios in Neuilly mit Poiret. D'Annunzio, Bourdelle, Rodin, Cécil Sorel, Pianist Hener Skene. Deutschlandgastspiel.

Abende in Paris mit dem Colonne Orchester im Théâtre Châtelet.

1912 Fahrten mit Singer auf der Isis: Ägypten, Mittelmeer, Atlantikküste. Pläne für ein Theater in Paris (Louis Sue, Gordon Craig).

Dezember: Bruch mit Singer.

1913 Januar: Sechste Rußlandtournee mit Hener Skene.

Februar: Gastspiel in Berlin.

März: Gastspiel in Paris im Trocadéro mit Mounet Sully und dem Tenor Plamadon.

April: Abend im Théâtre Châtelet mit den Schülerinnen aus Darmstadt und Mounet Sully. Besuch von Augustin mit seiner zweiten Frau Margherita und kleinem Sohn Angus.

18. April: Aussöhnung mit Singer.

19. April: Tod der Kinder und der englischen Nurse Annie Sim in der Seine.

Mai: Korfu, Albanien, Konstantinopel, Schweiz, Venedig, Rimini, Florenz, Viareggio (Villa Rigutti), Eleonore Duse, der Bildhauer ›Angelo‹.

Spätherbst: Mit Skene in Florenz.
Winter: Rom. D'Annunzio.
Ende Dezember: Rückkehr zu Singer nach Paris.

1914 Singer kauft den Pavillon Paillard des Bellevue-Etablissements in Paris für Isadoras Schule.
Juni: Erste Vorstellung der Schülerinnen im Trocadéro.
2. August: Geburt und Tod des dritten Kindes. Bellevue wird Kriegslazarett. Die Schülerinnen gehen nach England auf Singers Schloß Paigton. Isadora erholt sich in Deauville. Der Arzt André. Montesquieu.
Oktober: Augustin bringt die Schülerinnen von Paigton nach New York.
Ende November: Isadora fährt nach New York.

1915 Studio und Schule im früheren Polytechnischen Institut. The Dionysian.
April: Vorstellungen in der Metropolitan Opera und im Century Theatre.
9. Mai: Rückkehr mit den Schülerinnen nach Europa. Refugium für die Schülerinnen in der Schweiz. Vorstellungen und Schule in Lausanne-Ouchy.
Oktober: Reise über Rom, Neapel nach Athen. Rückkehr nach Paris.

1916 15. und 29. April: Vorstellungen im Trocadéro. Dazwischen zwei Vorstellungen in Genf und Lausanne.
13. Mai: Abfahrt zur Südamerikatournee über New York. Violinist Jacques Thibaud. Tanz bei Shakespeares Dreihundertjahrfeier im New Yorker Lewisohn Stadion (Percy MacKaye).
3. Juni: Abfahrt von New York nach Buenos Aires.
Juli, August, September: Südamerikatournee mit Pianist Maurice Dumesnil: Buenos Aires, Montevideo, Rio de Janeiro, Sao Paulo.

27. September: Rückkehr nach New York. Der Fotograf Genthe. Singer.
November: Vorstellung in der Metropolitan Opera. Sechs Schülerinnen kommen aus der Schweiz nach New York.
Dezember: Erholungsreise Isadoras nach Kuba und Florida mit Allan Ross MacDougall.

1917 Vorstellungen in der Metropolitan Opera. Endgültiger Bruch mit Singer.
Sommer: Isadora wohnt mit den Schülerinnen in Long Beach. Der Geiger Isaye.
Herbst: Kaliforniengastspiel: Oakland, San Francisco. Pianist Harald Bauer.

1918 3. Januar: Chopinabend mit Bauer in San Francisco. Rückkehr (ohne Schülerinnen) nach London, Paris. Pianist Walter Morse Rummel (›Erzengel‹).
Sommer: Frankreichtournee mit Rummel, Cap Ferrat, Nizza.

1919 24. Juli: Chopin Festival mit Rummel in Paris.
September: Schweiztournee. Verkauf des Hauses Paillard-Bellevue und Erwerb des Hauses Rue de la Pompe 103 (Beethovensaal). Nordafrikatournee mit Rummel. Rückkehr über Italien.
12./15. Dezember: Rom. Freundschaftliches Treffen mit Craig.

1920 April: Paris: Zusammentreffen mit Craig.
Juli: Vorstellungen im Théâtre des Champs-Élysées. Rückkehr der Schülerinnen aus Amerika nach Paris.
August: Fahrt nach Athen mit Rummel und den Schülerinnen. Kopanos-Haus wird als Studio eingerichtet. Trennung von Rummel. Rückkehr nach Paris.
November, Dezember: Vorstellungen im Trocadéro mit vier Schülerinnen (Wagner-Programm).

1921 20. Januar: Wiedereröffnung der Schule in der Rue de la Pompe.
April: Vorstellungen im Londoner Prince of Wales Theatre.
Krasin von der sowjetischen Handelsmission. Brief an Lunatscharsky. Einladung aus Moskau.
Juni: Abschiedsvorstellungen in Paris, Brüssel, Holland, London.
12. Juli: Abfahrt mit Irma nach Sowjetrußland.
24. Juli: Ankunft in Moskau. Volkskommissar für körperliche Erziehung Podvoysky.
Mitte Oktober: Eröffnung der Schule in Moskau. Ilya Schneider Direktor der Schule.
Anfang November: Bekanntschaft mit dem Dichter Sergei Alexandrowitsch Essenin.
7. November: Tanz zum Jahrestag der Oktoberrevolution im Moskauer Bolschoi-Theater.
Ende Dezember: Vorstellungen für Arbeiter und Bauern.

1922 Januar: Essenin zieht in die Wohnung Isadoras.
Februar: Gastspiel in Leningrad. Essenin begleitet sie.
März: Rückkehr nach Moskau.
12. April: Tod der Mutter Mary Dora Gray Duncan in Paris.
2. Mai: Isadora heiratet Essenin.
9. Mai: Testament zugunsten Essenins.
10. Mai: Abreise des Paares nach Berlin. Maxim Gorki.
1. Juni: Vortragsabend Essenins mit anderen Dichtern des neuen Sowjetrußland im Blüthnersaal.
Sommer: Wiesbaden, Ostende, Brüssel, Paris, Venedig.
August: Paris.
Ende September: Fahrt nach Amerika.

1. Oktober: Ankunft in New York. Sechstes Amerikagastspiel.
7. Oktober: Erste Vorstellung in der Carnegie Hall. Tournee.
24. Dezember: Tourneeende in Brooklyn.

1923 13. und 15. Januar: Letzte Vorstellungen in New York.
3. Februar: Rückfahrt nach Paris.
27. Mai und 3. Juni: Vorstellungen im Trocadéro.
3. August: Rückkehr nach Moskau. Kaukasustournee: Baku, Tiflis, Batum, Yalta.
Oktober: Rückkehr nach Moskau. Essenin verläßt die gemeinsame Wohnung.
November: Tanz mit den Moskauer Schülerinnen im Bolschoi-Theater.

1924 Ukrainetournee: Charkow, Kiew.
Mai: Vorstellungen in Moskau, Leningrad, Witebsk.
Juni: Mit den Schülerinnen in Kiew. Tournee Isadoras mit Manager und Pianist Mark Meytchick im Wolgadistrikt, Turkestan, Ural, Sibirien.
Mitte August: Zurück in Moskau. Vorstellungen im Moskauer Kamerny-Theater.
29. September: Vorstellung mit den Schülerinnen im Bolschoi-Theater vor Parteifunktionären und 4000 jungen Pionieren. Lobrede Lunatscharskys auf Isadora.
30. September: Rückflug nach Berlin.
Anfang Oktober: Zwei Abende im Berliner Blüthnersaal. Musikstudent Allan Coe.
Ende Dezember: Weiterfahrt nach Paris.

1925 März: Mit Raymond nach Nizza, Rue Gambetta. Hotel Negresco. Schriftstellerfreunde. Studiotheater Promenade des Anglais 343 im California Distrikt von Nizza.

Oktober/November: Paris in verschiedenen Quartieren. André Arnyvelde und Henriette Sauret.
Dezember: Wieder in Nizza.
27. Dezember: Selbstmord Essenins in Leningrad.

1926 7. April (Karfreitag): Vorstellung im Nizzaer Studio. Mietet Apartment Promenade des Anglais 349. Beginnt mit dem Diktat ihrer Memoiren.
Juni: Fahrt nach Paris, Hotel Lutetia. Rückkehr nach Nizza.
3. September: Chopin-Abend im Studio.
10. September: Liszt-Abend.
14. September: Rezitationsabend mit Jean Cocteau und Marcel Ferrand.
Oktober: Paris, Hotel Lutetia.
25. November: Versteigerung des Hauses in Neuilly. Der russische Pianist Victor Ilytch Seroff (›Mitri‹). Kommunist Rappaport.
Dezember: Rückkehr nach Nizza mit Mitri. Maler Gabriel Atkin. Schriftsteller Sewell Stokes.

1927 Das Appartement wird aufgegeben. Übersiedlung mit Mitri in eine Pension gegenüber dem Studio. Selbstmordversuch. Hotel Negresco. Mitri geht nach Paris zurück.
6. Februar: Isadora nach Paris. Studiohotel Rue Delambre. Komitee für Neuilly-Haus. Diktat der Memoiren.
8. Juli: Tanzmatinee im Pariser Mogador.
8. August: Rückkehr nach Nizza. Mitri fährt nach Paris zurück.
11. September: Letzter Brief an Mitri. Der italienische Autohändler Benoit Falchetto.
14. September: Abends Tod Isadoras in dem Bugatti-Rennwagen Falchettos.
19. September: Einäscherung und Beisetzung im Columbarium des Père-Lachaise in Paris.

1948 Elizabeth stirbt.
1954 Augustin stirbt.
1966 Raymond stirbt.
Gordon Craig stirbt.
Film (BBC) ›Isadora Duncan, The Biggest Dancer in the World‹ mit Vivian Picles als Isadora.
1968/69 Film ›Isadora‹ (›The Loves of Isadora‹) mit Vanessa Redgrave als Isadora.
1976 Ballett ›Isadora‹ von Maurice Béjart, getanzt von Maja Plissetzkaja in Brüssel.
1975/78 Ballett ›Isadora‹ von Sir Frederick Ashton.
Solotänze nach seiner Erinnerung an Isadora Duncan. Musik: Brahms.
Premiere: Diaghilew-Gala Hamburg 1975. Neue Fassung für Lynn Seymour zur Gala für Marie Rambert, London 1978.
1981 Ballett ›Isadora‹, Premiere am 30. 4. 1981 in Covent Garden mit dem Royal Ballet London, Ch.: Kenneth MacMillan, M.: Richard Rodney Bennett, D.: Barry Kay, Scenario: Gillian Freeman, Lightning: Bill Besant – in der Titelrolle: Merle Park.

Bibliographie

Bücher

Clara, José, *Isadora Duncan, Album of 72 plates. Drawings in watercolor and line.* Paris 1928

Craig, E. Gordon, *Isadora Duncan. Sechs Bewegungsstudien,* Leipzig 1906 Inselverlag

Desti, Mary, *The Untold Story, The life of Isadora Duncan 1921–1927,* New York 1929, Horace Liveright

–, *Isadora Duncan's end.* London 1929, Gollanz

Divoire, Fernand, *Isadora Duncan, fille de Promethée;* décoré par E. A. Bourdelle. Paris 1919. Editions des muses françaises

Dumesnil, Maurice, *An amazing Journey. Isadora Duncan in South America.* New York 1932, London 1933 Jarrolds Publishers

Duncan, Irma, *The Technique of Isadora Duncan.* New York 1937 Kamin Publishers

–, *Duncan Dancer,* New York 1966. Wesleyan University Press

–, and Allan Ross Macdougall, *Isadora Duncan's Russian Days and her last years in France.* London 1929 Victor Gollancz Ltd.

Duncan, Isadora, *Der Tanz der Zukunft.* Leipzig 1903 Diederichs

–, *Écrits sur la danse.* Manuscrits inédits ex textes. Paris 1927. Editions du Grenier.

–, *My Life,* mit der Korrektur von Gordon Craig, Bibliothèque de l'Opéra Paris (unveröffentlicht).*

*Gordon Craig korrigiert ein Exemplar von Isadoras Memoiren (›My Life‹), das sich in der Pariser Bibliothèque Nationale befindet. Er notiert am Rande neben dem Text die konkreten Unrichtigkeiten, Irrtümer und Widersprüche. Ganze Sätze und Passagen, die nach seiner Kenntnis Isadoras Charakter und geistiger Einstellung nicht von ihr stammen können, hält er für erfunden und ist überzeugt, daß Herausgeber und ›Schreiberlinge‹ nach Isadoras Tod ans Werk gingen und den Text auffärbten. Craig moniert Isadoras Undankbarkeit gegenüber Singer und Rummel, die in reichem Maße Geld und Zeit für sie opferten. Er hält das ›My Life‹ im ganzen für ›vulgär‹, gewöhnlich – wie Isadora selbst nicht war – und meint, es sei halb Unsinn, halb Geschwätz.

–, *Ma vie* (franz. Übersetzung von Jean Allary) Paris 1928, Gallimard
–, *Memoiren* (deutsche Bearbeitung von C. Zell) Zürich – Leipzig – Wien 1928, Amalthea Verlag
–, *The Art of the Dance.* Herausgegeben von Sheldon Cheney, New York 1928, Theatre Arts Inc.
Genthe, Arnold, *Isadora Duncan; 24 Studien.* Vorwort Max Eastman, New York 1929, M. Kennerly
Grandjouan, *Isadora Duncan. 25 Pastellstudien.* Vorwort Isadora Duncan, Paris 1909
Laffitte, Sophie, *Serge Essenine,* Paris 1959. Pierre Seghers
Lafitte, Jean Paul, *Les danses d'Isadora Duncan,* Vorwort Elie Faure, Paris 1910. Mercure de France.
Lecomte, Valentine, *The Dance of Isadora Duncan, Pencil Studies from Life made during Recitals in the Theatres of Paris from 1903 to 1927.* 47 Blätter, Paris 1952. Raymond Duncan Ed.
Macdougall, Allan Ross, *Isadora. A Revolutionary in art and love,* New York 1960. Thomas Nelson & Sons
Mc Vay, Gordon, *Isadora & Essenin,* Ardis (Michigan) 1980
Magriel, Paul, *Isadora Duncan,* New York 1947. Henry Holt and Comp.
–, *Nijinsky, Pavlova, Duncan.* Da Capo Press, New York
Savinio, Alberto, *Isadora Duncan avec les sculptures art Déco de Chiparus etc.* Franco Maria Ricci Editeur, Paris 1979
Schneider, Ilya Ilyitch, *Isadora Duncan, The Russian Years.* London 1968, Macdonald & Co.
Segonzac, André Dunoyer de, *Dessins.* Vorwort Fernand Divoire, Paris 1910
–, *XXX Dessins,* Paris 1913 Editions du temps présent
Seroff, Victor, *The real Isadora.* New York 1971. The Dial Press
Steegmuller, Francis. *›Your Isadora‹.* New York 1974. Random House and The New York Public Library
Stokes, Sewell, *Isadora Duncan, An intimate Portrait.* London 1928, Brentano's Ltd.
Terry, Walter, *Isadora Duncan, Her Life, Her Art, Her Legacy.* New York 1963. Dodd, Mead & Comp.
Walkowitz, Abraham, *Isadora Duncan in her dance.* Kansas City 1945. Haldermann – Julius Publications.
Weihs, David, *The Spirit and the Flesh. A noval inspired by the Life of Isadora Duncan.* New York 1959. Doubleday & Company Inc.

Bahr, Hermann, *Isadora Duncan, Kunst des Tages.* Sammlung Wiener Meisterfeuilletons. Herausgegeben von Alfred Zohrer. Wien 1946. Luckmann Verlag

Balanchine, George, *Über Isadora Duncan.* Horizon, New York, Januar 1961

Bourdelle, *Isadora Duncan seen by Bourdelle,* Galerie Grinpel, Art News 35, 22, New York 1937

Byronianas, Agnes, *Como conoci i Isadora Duncan,* Revista de Revistas, April 1930 p. 20–24

Caffin, Charles H., *Henri Matisse and Isadora Duncan.* Camera Work Nr. 25 p. 17–20. New York 1909

Clara A Aynats, José, *Isadora Duncan.* L'Art décoratif, année 15 p. 103–108, Paris 1913

Cozanet, Albert, *Isadora,* Courrier musical année 14 pr. 3 p. 92–94, Paris, Février 1911

Craig, E. Gordon, *Memoirs of Isadora Duncan.* The Listener (B.B.C.) 5. Juni 1952, London

Dell, Floyd, *Olive Schreiner and Isadora Duncan women as world builders,* Chicago, Forbes 1913, p. 41–51

Duncan, Augustin, *The Art of Isadora Duncan.* Theatre Guild Magazine 6, p. 51–52, New York February 1929

Etseher, Gaspard, *The renaissance of the dance: Isadora Duncan,* Forum Nr. 46 p. 322–329. September 1911

Fuchs, Georg. *Der Tanz.* Flugschriften für künstlerische Kultur 1907, Heft 6

Gold Michael, *The loves of Isadora.* New masses Bd. 4 p. 20–21, New York, March 1929

Kay, Joseph, *The last Chapters of Isadoras Life.* Dance Magazine. April, June, July 1929, New York

Laloy, Louis, *The Ballet moderne,* Revue de Paris. 1. 12. 1920

–, *Isadora Duncan, et la danse nouvelle.* La Revue Musicale année 4 Nr. 10 p. 249–253. Paris, May 1904

Macdougall, Allan Ross, *Isadora Duncan and the artists.* Dance Index V Nr. 3 March 1946 p. 61, New York

McCausland, Elisabeth, *Art and Isadora.* Dance Observer, New York Oktober 1937 p. 93

Mac Donald, Claire, *Isadora Duncan.* Home and abroad 8 p. 124–126, Spring 1929

Marsh, Lucile, *The shadow of Wigman in the light of Duncan.* Dance Magazine, New York, May 1931 p. 12–13

Martin, John, *Dance since Isadora.* Theatre Arts, New York, September 1940 p. 639–650

–, *Isadora Duncan and Basic Dance.* Dance Index. New York Vol. I Nr. 1, January 1942

Mercedes De Acosta, *Isadora Duncan: a Paradox.* The Listener (B.B.C.) 13. April 1961, London

Merz, Max, *Isadora Duncan.* Schauen und Bilden. Sommerheft 2, 1959, Nürnberg

Mestre, Julia, *Isadora Duncan.* Cuba contemporánea 24 p. 387–393, Habana 1920

De Mille, Agnes, *The Revolution of Isadora.* New York Times Magazine, 14. September 1952

Roberts, Mary Fanton, *The dance of the future as created and illustrated by Isadora Duncan.* Craftsman Magazine Nr. 13 p. 48–56, Oktober 1908

Sauret, Henriette, *Isadora Duncan, impératrice errante.* Revue mondiale, Paris March 1928 p. 161–172

Scheier Helmut, *Vor hundert Jahren geboren: Isadora.* Das Tanzarchiv Nr. 7, Köln Juli 1978 p. 280

Seldes, George, *That love meant to Isadora Duncan.* Mentor. Springfield/Ohio. Nr. 18 p. 25–27, 64–65 February 1930

Stebbins, Eve, *From Isadora to picket line Priscilla.* Tac, New York, July 1939 p. 26–27

Stüber, Werner Jacob, *Isadora Duncan: Im Gefolge des Dionysos.* Das Tanzarchiv Köln, April und Mai 1979, Nr. 4 Seite 169; Nr. 5 Seite 237

Sue, Louis, *Isadora Duncan, météore de génie.* Les Nouvelles Littéraires, 3. März 1966. Paris p. 9

Besprechung in Büchern

Acosta, Mercedes d', *Here lies the Heart,* New York 1960. Reynal & Co.

Armitage, Merle, *Dance Memoranda,* New York 1947, p. 16–19. Edwin Corle

Arout, Georges, *La danse contemporaine.* Paris 1955, Fernand Nathan p. 44

Bauer, Harold, *His Book,* New York 1948, p. 71–72, 181. W.W. Norton & Co. Inc.

Bie, Oscar, *Der Tanz,* Berlin 1906, Marquardt & Co. p. 305

Bolitho, William, *Zwölf gegen das Schicksal,* Potsdam 1931, Müller & Kiepenheuer p. 361. Amerik. Ausgabe: *Twelf against the gods,* New York 1929, Simon & Schuster p. 307–327

Bourman, Anatole, *The Tragedie of Nijinsky,* New York, London 1936 Whittlesey House p. 69

Brandenburg, Hans, *Der moderne Tanz,* München 1917, Georg Müller p. 47, 197

Brillant, Maurice, *Problèmes de la Danse,* Paris 1953, Armand Colin p. 48–52

Chujoy, Anatole, *The Dance Encyclopedia New York 1949 A.S.,* Barnes & Co. p 161

Clarke, Mary, *Dances of Mercury London 1962,* Adam & Charles Black, p. 5,9

Cocteau, Jean, *Portraits-Souvenir 1900-1914.* Paris 1935, Bernard Grasset p. 150

Craig, E. Gordon, *Ma vie d'homme de Théâtre.* Paris 1962, Arthaud p. 250

Crawford Flitch, I.E., *Modern Dancing and Dancers.* London 1912 Grant Richards Ltd., p. 105–110, 153, 161, 194

Denby, Edwin, *Looking at the dance.* New York 1949, Pellegrin and Cudahy p. 337

Divoire, Fernand, *Pour la Danse,* Vorwort von Lisa Duncan, Paris 1935, Editions de la Danse p. 48–60

Eastman, Max, *Heroes I have Known.* New York 1942, Simon & Schuster Inc. p. 69

Fokine, Michel, *Memoirs of a Ballet Master,* translated by Vitale Fokine, edited by Anatole Chyjoy. Boston–Toronto 1961, Little, Brown and Company p. 256–258

Fuller, Loie, *Fifteen Years of a Dancer's Life,* London 1913, Herbert Jenkins Ltd. p. 223

Georges, Michel, *Michel, Un Demi Siècle de Gloires Théâtrales,* Paris 1950, Edition André Bonne p. 158–178

Hofmannsthal, Hugo von, *Gesammelte Werke,* Frankfurt a. M. 1951, Fischer Verlag. Prosa II p. 262

Horst, Louis, *Carroll Russel. Modern Dance Forms,* San Francisco 1961, Impulse Publications p. 16

Humphrey, Doris, *The Art of making Dances,* New York, Toronto 1959, Rinehart & Comp. Inc. p. 168–169,173
Hurok, S., *Impresario,* New York 1946, Random House p. 89–127
–, *Hurok, Presents,* New York 1953, Hermitage House p. 28–36
Jullian, Philippe, *Robert de Montesquiou, Un prince 1900,* Paris 1965 Librairie Académique, Perrin p. 352
Karsavina, Tamara, *Ballets Russes,* übersetzt von Denyse Clairouin, Paris 1931, Librairie Plon p. 193–197
Kessler, Harry Graf, *Tagebücher 1918–1937.* Inselverlag, Wiesbaden 1961 p. 537–539
Kinel, Lola, *This is my affair,* Boston 1937, Little, Brown and Comp. p. 228–271
Kinney, Troy and Margaret, *The Dance its Place in Art and Life,* New York 1914, Frederick A. Stokes Comp. p. 241–246
Lämmel, Rudolf, *Der moderne Tanz,* Berlin. Peter J. Oestergaard p. 33
Levinson, André, *La Danse au Théâtre,* Paris 1924, Librairie Bloud & Gay p. 170
Levinson, André, *La Danse d'aujourdhui,* Paris 1929, Duchartre et van Buggenhoudt p. 141–161, 439
–, *Les Visages de la Danse,* Paris 1933, Bernard Grasset p. 295
Lieven, Peter Prinz, *The Birth of Ballets-Russes,* London 1956, George Allen & Unwin Ltd., p. 71, 173, 341
Lifar, Serge, *Histoire du Ballet Russe,* Paris 1950, Nagel p. 152–154, 163–171, 185, 189
–, *Le Livre de la Danse,* Paris 1954, Editions du Journal Musical Français, p. 94
Lloyd, Margaret, *The Borzoi Book of modern Dance.* New York 1949, Alfred A. Knopf, p. 3–11,12
Luhan Mable Dodge, *Movers and Shakers,* New York 1936, Harcourt, Brace p. 319–348
Martin, John, *Book of the Dance.* New York 1963, Tudor Publishing Company, p. 138–140, 144–146
Mille, Agnes de, *Dance to the Piper.* Boston 1951, Little, Brown and Comp. p. 49, 128–130, 149
–, *The Book of the Dance,* New York 1963, Golden Press p. 135–137
Rothschild, B. de, *La Danse artistique aux USA, Tendances modernes.* Paris 1949, Editions Elzévir p. 18
Sachs, Curt, *Eine Weltgeschichte des Tanzes,* Berlin 1933, Dietrich Reimer/Ernst Vohsen p. 300

Schikowski, John, *Geschichte des Tanzes,* Berlin 1926, Büchergilde Gutenberg p. 133
Shawn, Ted, *Dance we must.* New York 1940 p. 104
Signorelli, Olga, *Das Vermächtnis der Duse.* Herrenalb 1962. Horst Erdmann Verlag p. 183–184
Sorell, Walter, *The Dance has many Faces,* Cleveland, New York 1951, The World Publishing Company p. 170–181
Svetlov, Valerien, *Le Ballet contemporain.* Paris 1912 de Brunoff p. 61
Taper, Bernard, *Balanchine,* New York 1963, Harper p. 64
Terry, Walter, *The Dance in America,* New York 1956, Harper and Brothers p. 37–42, 57
Tugal, Pierre, *Petite Histoire de l'Art et des Artistes,* Paris, Fernand Nathan p. 79
Stanislawski, Konstantin Sergejewitsch, *Mein Leben in der Kunst.* Berlin 1951, Bruno Henschel u. Sohn p. 562–563
Vechten, Carl van, *The merry-go-round,* New York 1918. Knopf. p. 307–317
Vietta, Egon, *Der Tanz.* Frankfurt a. M. 1938, Societätsverlag p. 158
Wagenknecht, Edward, *Seven Daughters of the Theatre.* Oklahoma 1964, University of Oklahoma Press, p. 137–158
Werner, Morris Robert, *To whom is many concern.* New York 1931. Cape and Smith p. 245–277.

Bildnachweis

DANK
der Public Library Dance Collection, New York
der Bibliothèque Nationale, Paris
der Bibliothèque de l'Opéra, Paris

Hill Stead Museum, Farmington, Conn.: S. 23
Rodin Museum, Paris: S. 28, 29
Staatliches Museum, Antiken-Abteilung, Berlin: S. 19
Isadora Duncan Museum, Paris: S. 77
Musée Bourdelle, Paris: S. 89, 125
Musée des Arts Décoratifs, Paris: S. 32

Edward Steichen, New York: S. 46, 90, 130, 204
Arnold Genthe, New York: S. 102
Hanfstaengel, München: S. 41
Michel Petit, Paris: S. 51, 88, 98, 100, 126
Jutta Tietz, Glasgow: S. 20
Max Niehaus, München: S. 10, 14, 17, 25, 38, 44, 55, 56, 62, 65, 122, 161, 164, 166, 169, 177, 181, 190, 198, 199, 207

AUS
Maud Allan, My Life and Dancing: S. 83
Irma Duncan und Allan Ross Macdougall, Isadoras Russian Days: S. 136
Ilya Ilych Schneider, Isadora Duncan. The Russian Years: S. 142
Craig Mappe mit 6 Bewegungszeichnungen von Isadora (1906): S. 72, 73
Sewell Stokes, Isadora Duncan. An intimate Portrait: S. 184

Personenregister

Kursiv gedruckte Seitenzahlen verweisen auf Abbildungen